Luis Alejandro León Franco

El Protocolo Facultativo Del Pidesc Y La Realización De Los Desc

Luis Alejandro León Franco

El Protocolo Facultativo Del Pidesc Y La Realización De Los Desc

Dictus Publishing

Impressum/Imprint (nur für Deutschland/only for Germany)
Bibliografische Information der Deutschen Nationalbibliothek: Die Deutsche Nationalbibliothek verzeichnet diese Publikation in der Deutschen Nationalbibliografie; detaillierte bibliografische Daten sind im Internet über http://dnb.d-nb.de abrufbar.

Coverbild: www.ingimage.com

Contact:
International Book Market Service Ltd., 17 Rue Meldrum, Beau Bassin, 1713-01 Mauritius
Email: info@bookmarketservice.com
Website: www.bookmarketservice.com

Published in 2013

Printed in: U.S.A., U.K., Germany. This book was not produced in Mauritius.
ISBN: 978-3-8473-8748-0

Impresión
Información bibliográfica publicada por Deutsche Nationalbibliothek: La Deutsche Nationalbibliothek enumera esa publicación en Deutsche Nationalbibliografie; datos bibliográficos detallados están disponibles en internet en http://dnb.d-nb.de.

Imagen de portada: www.ingimage.com

Contact:
International Book Market Service Ltd., 17 Rue Meldrum, Beau Bassin, 1713-01 Mauritius
Email: info@bookmarketservice.com
Website: www.bookmarketservice.com

Published in 2013

Printed in: U.S.A., U.K., Germany. This book was not produced in Mauritius.
ISBN: 978-3-8473-8748-0

LA IDONEIDAD DEL PROTOCOLO FACULTATIVO DEL PIDESC PARA LA REALIZACIÓN DE LOS DESC.

Palabras clave: Protocolo Facultativo del PIDESC y los Principios Integradores de los Derechos Humanos.

Resumen:

El contexto global actual hace indispensable la protección de los DESC, para menguar los efectos negativos que trae consigo la globalización para algunos países y sectores de la sociedad. Históricamente estos derechos han tenido un trato diferenciado respecto de los Derechos Humanos, por esta razón se elaboró el Protocolo Facultativo del PIDESC, con la intención de realizar los Principios de Integradores de los Derechos Humanos, nuestró propósito consiste en determinar si la creación del Protocolo realiza estos principios o si por el contrario prolonga el trato diferenciado de estos derechos, en detrimento de sus titulares, la estabilidad social y política.

CONTENIDO

INTRODUCCIÓN.. 6

Capítulo I

PRINCIPIOS INTEGRADORES DEL SISTEMA DE DERECHOS HUMANOS: UNIVERSALIDAD, INDIVISIBILIDAD E INTERDEPENDECIA.

1.1 ANTECEDENTES HISTÓRICOS DE LOS PRINCIPIOS..............................10

1.2 CONTENIDO Y ALCANCE DE LOS PRINCIPIOS......................................12

1.2.1 PRINCIPIO DE UNIVERSALIDAD...12

1.2.2. PRINCIPIO DE INDIVISIBILIDAD.. 15

1.2.3.PRINCIPIO DE INTERDEPENDENCIA...16

Capítulo Segundo

TRABAJOS PREPARATORIOS: UN LARGO E INCIERTO CAMINO PARA LA ELABORACIÓN DEL PROTOCOLO FACULTATIVO DEL PIDESC.

2.1 LA NECESIDAD DE UN PROTOCOLO FACULTATIVO DEL PIDESC: UNA SOSPECHA AL INTERIOR DE LAS NACIONES UNIDAS..................................18

2.2 UNA MIRADA A LO INCIERTO: EXAMEN CONCRETO DE LOS BENEFICIOS Y POSIBLES DIFICULTADES QUE PODRIA TRAER CONSIGO EL PROTOCOLO FACULTATIVO DEL PIDESC……………………………………………………………...27

2.3 CREACIÓN DEL GRUPO ABIERTO DE TRABAJO: UNA APUESTA POR LOS DESC………………………………………………………………………………….29

Capítulo Tercero

DISPOSICIONES DEL PROTOCOLO FACULTATIVO DEL PIDESC PARA LA PROTECCIÓN DE LOS DESC.

3.1 PREÁMBULO……………………………………………………………………….....40

3.2 ÓRGANO COMPETENTE……………………………………………………………42

3.3 PROCEDIMIENTO DE COMUNICACIONES……………………………………….43

3.4 CRITERIOS DE ADMISIBILIDAD…………………………………………………..45

3.5 MEDIDAS PROVISIONALES………………………………………………………..49

3.6 TRANSMISIÓN DE COMUNICACIONES…………………………………………..51

3.7 SOLUCIÓN AMIGABLE DE CONTROVERSIAS…………………………………..52

3.8 EXAMEN DE LAS COMUNICACIONES……………………………………………53

3.9 SEGUIMIENTO DE LAS OBSERVACIONES DEL COMITÉ……………………...56

3.10 COMUNICACIONES ENTRE ESTADOS…………………………………………..58

3.11 PROCEDIMIENTO DE INVESTIGACIÓN………………………………………….62

3.12 SEGUIMIENTO DEL PROCESO DE INVESTIGACIÓN…………………………..64

3.13 MEDIDAS DE PROTECCIÓN……………………………………………………………65

3.14 COOPERACION Y ASISTENCIA INTERNACIONAL……………………………66

3.15 INFORME ANUAL……………………………………………………………………..70

3.16 DIVULGACIÓN E INFORMACIÓN………………………………………………..71

3.17 FIRMA, RATIFICACIÓN Y ADHESION…………………………………………...71

3.18 ENTRADA EN VIGOR…………………………………………………………………72

3.19 ENMIENDAS……………………………………………………………………………...74

3.20 DENUNCIAS……………………………………………………………………………76

3.21 RESERVAS……………………………………………………………………………..77

Capítulo Cuarto

COMPLEMENTARIEDAD Y COORDINACION DEL PROTOCOLO FACULTATIVO DEL PIDESC CON OTROS INSTRUMENTOS INTERNACIONALES

4.0PROBLEMÁTICA…………………………………………………………………………….78

4.1 SISTEMA NACIONES UNIDAS……………………………………………………......79

4.11 OIT…………………………………………………………………………………………79

4.1.2 UNESCO…………………………………………………………………………………..80

4.1.3 OTROS INSTRUMENTOS………………………………………………………………81

4.2 SISTEMAS REGIONALES…………………………………………………………...82

4.2.1 SISTEMA EUROPEO…………………………………………………………………….82

4.2.2 SISTEMA AFRICANO…………………………………………………………………...84

4.2.3 SISTEMA INTERAMERICANO……………………………………………………………85

CONCLUSIONES………………………………………………………………89

Bibliografía…………………………………………………………………...97

Introducción

En el mundo actual se desarrolla la globalización como un gran proceso de cambios, las nuevas tecnologías y las políticas de mayor apertura han aumentado la interrelación entre los diferentes países, creando mayor interdependencia en las relaciones económicas internacionales y mayor interacción social y política entre los diferentes actores[1].

La dinámica de la globalización en la manera como ha sido llevada hasta el presente, ha acentuado la desigualdad entre los diferentes países y las personas que habitan en ellos, en tanto que los beneficios económicos y los costos sociales derivados de este proceso no son asignados equitativamente, adicional a esto no todas los naciones son participes de las deliberaciones en las que se configura este proceso, razón por la cual para algunos países y sectores la globalización no ha generado beneficios[2].

En el presente no existen instituciones políticas, económicas y sociales capaces de regular dicho proceso de cambio[3], así como tampoco voluntad por parte de varios de sus actores de redireccionar este proceso, razón por la cual la globalización a ocasionado a nivel general un incremento de la vulnerabilidad de los países en vías de desarrollo ante los países

---

[1] Comisión Mundial sobre la Dimensión Social de la Globalización. Por una globalización más justa: crear oportunidades para todos. Ginebra Oficina Internacional del Trabajo, 2004. Párrafos 55 y 149. Publicación Oficial.

[2] Ibídem. Párrafos 9, 27 y 106.

[3] Ibídem. Párrafo 12.

desarrollados[4], y a nivel particular la exclusión social y el desplazamiento masivo de algunos segmentos de la sociedad[5].

Ante este contexto se hace indispensable la protección, promoción y garantía de los Derechos Económicos Sociales y Culturales, ya que la adecuada garantía, protección e interpretación de los mismos, posibilitaría la inclusión social de grupos vulnerables[6] y la disminución de las asimetrías entre los países en desarrollo y los países desarrollados[7]. Permitiendo el desarrollo integral del ser humano y librando a los Estados de las problemáticas correlativas que trae consigo la desprotección de los DESC, ya que la vulneración de estos derechos además de sus consecuencias intrínsecas trae consigo inestabilidad política y violencia[8].

Por su parte los DESC desde sus orígenes han tenido un trato diferenciado con relación a los Derechos Humanos, como consecuencia de las concepciones políticas propias de la guerra fría, a raíz de esto se les había desprovisto a sus titulares de herramientas procesales para exigir y justiciar estos derechos.

---

4 *Alberto Romero, *Globalización y Pobreza*, 53 y 60 (Editorial Universitaria Universidad de Nariño, Colombia, 2002).
* Comisión Mundial sobre la Dimensión Social de la Globalización. Por una globalización más justa: crear oportunidades para todos. Ginebra Oficina Internacional del Trabajo, 2004, párrafo 107, publicación oficial.
* Joseph Stiglitz, *Como Hacer que Funcione la Globalización*, 94 (Editorial Aguilar, Altea Taurus, Alfaguara S.A, Buenos Aires, 2006.

5 James H. Mittelman. *El Síndrome de la Globalización: transformación y resistencia*, 162, (Editorial Siglo veintiuno editores, s.a. México, 2002)

6 Silvia Emanuelle. *Derechos Humanos: factor determinante en la construcción democrática de la ciudadanía, en Democracia y exclusión: caminos encontrados en la Ciudad de México*, 391-401, (Editorial Plaza y Váldes, S.A. de C.V México, 2005)

7 Joseph Stiglitz, *Como Hacer que Funcione la Globalización*, 82 (Editorial Aguilar, Altea Taurus, Alfaguara S.A, Buenos Aires, 2006.

8 Estado de preparación de las Publicaciones, los Estudios y documentos destinados a la Conferencia Mundial A/CONF.157/PC/62/Add.5, 26 marzo de 1993, publicación oficial.

Como consecuencia de lo anterior con la intención reivindicar este grupo de derechos con relación a los Derechos Humanos y facilitar su realización, las Naciones Unidas gestiono el Protocolo Facultativo del PIDESC, un instrumento con el cual se brindan herramientas procesales a los titulares de estos derechos para la protección y garantía de los mismos.

El propósito de nuestro trabajo consiste en determinar si la elaboración del Protocolo Facultativo del PIDESC, es acorde con los principios integradores del sistema de Derechos Humanos reivindicando a los DESC en el sistema de las Naciones Unidas, o si por el contrario persiste el trato diferenciado que se le ha dado a estos derechos desde siempre.

Para el desarrollo de este propósito examinaremos desde la perspectiva jurídica diferentes aspectos del Protocolo Facultativo, para lograr una concepción global del mismo que nos permita determinar la eficacia o ineficacia de este instrumento.

En el primer capítulo examinaremos los principios integradores del sistema de Derechos Humanos, para ello en un comienzo haremos un recorrido histórico sobre su origen y desarrollo, con posterioridad señalaremos el contenido y alcance de estos principios. La importancia de estos para el desarrollo del propósito del trabajo, consiste en que estos principios constituyen un criterio de valoración, con base en el cual vamos a evaluar la validez del Protocolo Facultativo del PIDESC para reivindicar estos derechos en el sistema de Derechos Humanos.

En el segundo capítulo, nos disponemos a realizar una descripción del desarrollo de los sucesos en el sistema de Naciones Unidas, que dieron como resultado la elaboración del Protocolo, para esto indagaremos desde el momento en que la creación de este instrumento es planteada como una sugerencia, hasta la materialización misma de la idea. Señalando las posibles ventajas, dificultades y aspiraciones del instrumento, que fueron consideradas durante los debates del proceso de elaboración.

En el tercer capítulo nos disponemos a examinar las disposiciones del Protocolo Facultativo del PIDESC, para esto en un primer momento examinaremos el contenido y alcance de las disposiciones, para luego compararlas con las disposiciones de otros instrumentos semejantes.

En el cuarto capítulo analizaremos el desenvolvimiento sistemático del Protocolo Facultativo del PIDESC, con relación a diferentes instrumentos internacionales que protegen alternativamente los DESC, para ello indagaremos en instrumentos regionales y del sistema de las Naciones Unidas, examinando los DESC que son protegidos en estos instrumentos, los procedimientos que tienen contemplados para la protección de estos derechos y las posibilidades de superposición o duplicidad entre los diferentes instrumentos con relación al Protocolo Facultativo.

Una vez analizados diferentes aspectos del Protocolo Facultativo tendremos una visión global de este, que nos permita determinar si este instrumento es eficaz para lo protección de los DESC y la reivindicación de estos derechos en el sistema de Derechos Humanos.

Capítulo I

Principios integradores del Sistema de Derechos Humanos: Universalidad, Indivisibilidad e Interdependencia.

1.2 Antecedentes Históricos de los Principios:

En un principio se considero la idea de elaborar un Pacto Internacional que reuniera el conjunto de derechos y libertades consagrados en la Declaración Universal de los Derechos Humanos, mediante la Resolución 421 E (V) del 4 de Diciembre de 1950[9], aunque como consecuencia de las consideraciones ideológicas propias de la guerra fría, mediante la Resolución 543(VI) del 5 de Febrero de 1952[10] se decide adoptar dos Pactos diferentes. Los cuales fueron anunciados el mismo día mediante la misma resolución (2200 A (XXI)).

Con posterioridad en la Proclamación de Teherán aprobada el 13 de mayo de 1968[11], resultado de la Primera Conferencia Mundial, se reacciona ante la fragmentación de los derechos humanos, al afirmar la necesidad de la universalidad, interdependencia e indivisibilidad de los mismos, al invitar a los Estados a fomentar y alentar el respecto de los derechos humanos y libertades sin distinciones de ningún tipo respecto de los sujetos (Articulo1 y 5), al enunciar la igualdad e inalienabilidad de los derechos común

[9] Resolución 421 E (V) del 4 de Diciembre de 1950, publicación oficial.

[10] Resolución 543 (VI) del 5 de Febrero de 1952, publicación oficial

[11] Conferencia Internacional de Derechos Humanos en Teherán, Proclamación de Teherán, 13 de mayo de 1968, publicación oficial.

a todos los pueblos(Articulo 2), afirmando la indivisibilidad de los derechos humanos y las libertades fundamentales, al señalar la imposibilidad de materializar los derechos humanos sin la realización conjunta de los diferentes grupos de derechos(Articulo 13).

Durante los años posteriores varias resoluciones de las Naciones Unidas, hicieron hincapié en el imperativo de dar un trato igualitario a los diferentes grupos de derechos y a la necesidad de la realización conjunta de los derechos para la materialización del ideal de ser humano, entre las resoluciones de mayor importancia encontramos la resolución 32/130 emitida el 16 de diciembre de 1977[12], en la cual se enuncian varios conceptos que deberán ser tenidos en cuenta durante las labores futuras en el interior del sistema de las Naciones Unidas.

El primero de los conceptos enunciados es la indivisibilidad e interdependencia de los derechos humanos y las libertades fundamentales, con base en el cual debe dársele el mismo trato e importancia a los diferentes derechos respecto de aplicación, protección y promoción (Articulo 1 Literal a), el segundo concepto es el referente a la imposibilidad de la realizar aisladamente los derechos, en tanto que es necesario la realización conjunta de los diferentes grupos de derechos (Articulo 1 Literal b), finalmente el tercer concepto es la necesidad de examinar en forma global los asuntos referentes a derechos humanos, teniendo en cuenta la particularidad de las condiciones de cada pueblo (Articulo 1 Literal d).

[12]Asamblea general ONU, Resolución 32/130, 16 de diciembre de 1977, publicación oficial.

Después de 25 años de la Proclamación de Teherán durante la segunda Conferencia Mundial fue aprobado la Declaración y el Programa de Acción de Viena el 12 de Julio de 1993[13], en ésta se reafirman los principios enunciados en la primera conferencia y se crean herramientas que posibilitan su exigibilidad. En el texto aprobado se consagra la universalidad, indivisibilidad, interdependencia e interrelación de los derechos humanos, así como la necesidad de un trato global, justo, objetivo y equitativo a todos los derechos, en tanto que todos tienen el mismo valor y no debe haber selectividad en el examen de las cuestiones referentes a estos derechos; de igual modo establece la importancia de valorar las particularidades de cada pueblo, sin que estas sean un atenuante respecto del deber de los Estados de promover y proteger las libertades fundamentales y los derechos humanos (Parte Operativa, articulo 1,5 y 32).

1.2 Contenido y Alcance de los Principios:

Una vez observado el devenir histórico de los conceptos que pretenden reconciliar la fragmentación de los derechos humanos, nos disponemos a examinar individualmente el alcance y contenido de cada uno de estos conceptos.

1.2.1 Principio de Universalidad

Con base en la información normativa y doctrinaria encontrada que se relaciona con este concepto, encontramos que este se puede entender desde tres acepciones diferentes, la primera de ellas referente a los individuos titulares de los derechos, la

[13] Programa y Plan de Acción de Viena, 12 de julio de 1993, publicación oficial.

segunda referente a los sujetos que deben respetar, garantizar y promover estos derechos, y finalmente la tercera hace alusión a la ratificación universal.

La primera acepción concerniente a los titulares de los derechos consagra el hecho que toda persona es titular de los derechos humanos y las libertades fundamentales, sin distinciones derivadas de su raza, color, sexo, idioma, religión, opinión política o de cualquier índole[14].

La segunda acepción referente a los sujetos que deben respetar, garantizar y promover los derechos humanos, consiste en la no distinción para el respeto de los derechos fundamentada en la condición política, jurídica, económica o internacional del país o territorio del cual dependa cualquier persona[15].

Lo anterior indica que todos los Estados o territorios deben respetar y garantizar los derechos humanos independientemente de su sistema político, económico, cultural[16], claro está teniendo en cuenta las particularidades de su condición, sin que éstas puedan ser invocadas para justificar la negación o violación de los derechos, dado que según los consagrado en y los debates de la Declaración y Programa de Acción de Viena[17] dicha diversidad debe entenderse como una condición que enriquece la universalidad de los derechos, ya que estos poseen una naturaleza transcultural, en tanto que no

---

[14]Declaración Universal de los Derechos Humanos, articulo 2 inciso 1, 10 de diciembre de 1948, publicación oficial.

[15] Ibídem.

[16] Comité de Derechos Económicos Sociales y Culturales, Observación General N°3, párrafo 8, 14 de diciembre de 1990.

[17] Programa y Plan de Acción de Viena. . I Parte Operativa, articulo 5, 12 de julio de 1993, publicación oficial.

dependen de la pertenencia de un sujeto a un Estado o comunidad, pues estos derechos no son derivados de un Contrato Social[18].

La tercera acepción referente a la ratificación universal, se deriva de una solicitud realizada en la segunda Conferencia Mundial[19], consistente en la necesidad de ratificar al menos seis convenciones básicas de las Naciones Unidas (Las dos Convenciones de Derechos Humanos, Convenciones de la Eliminación de todas las formas de Discriminación Racial y contra las Mujeres, Convención contra la Tortura, Convención de los Derechos del Niño), lo anterior se fundamenta en el supuesto que la ratificación de estas convenciones garantizaría la universalidad conceptual y operativa de los derechos humanos, ya que la universalidad conceptual se ve afectada si se continua con la práctica de la selectividad en la ratificación de instrumentos internacionales, ya que la selectividad transgrede la indivisibilidad e interdependencia de los derechos humanos, constituyendo un impedimento para el logro de los objetivos buscados en cada convención[20].

---

[18] Aryeh Neier, *Universal Revolution in Human Rights, Decembre 10 de 2008, The Korea Herald.*

[19] Programa y Plan de Acción de Viena. I Parte Operativa, articulo 26, 12 de julio de 1993, publicación oficial.

[20] Antônio A. Cançado, *La interdependencia de todos los derechos humanos. Obstáculos y desafíos en la implementación de los derechos humanos.*

1.2.2. Principio de Indivisibilidad

Este concepto consiste en que la garantía y protección de los derechos humanos se debe desarrollar a partir de una concepción integral o unitaria de la totalidad de los derechos, puesto que la concepción fragmentada, temporalizada o jerarquizada de los derechos es una distorsión que impide la realización efectiva de los derechos humanos, dado que es necesaria la convergencia de todos los derechos humanos para la realización integral del ser humano[21]. Acorde con este concepto el reconocimiento integral de los derechos humanos posibilita la existencia real de cada uno de ellos, razón por la cual deben tratarse con la misma atención la promoción y protección de los diferentes grupos de derechos[22].

Acorde con esta definición la indivisibilidad se entiende en dos sentidos, el primero de ellos hace referencia a la ausencia de jerarquía de los derechos humanos, puesto que todos son igualmente esenciales para el logro de una vida digna. El segundo sentido señala la imposibilidad de restringir o diferir en el tiempo algún derecho o grupo de derechos para la promoción de uno u otros derechos.

En la actualidad se ha incrementado la tendencia a eliminar la visión compartimentalizada de los derechos humanos, en tanto que en la doctrina y en la

---

[21] Asamblea General de la ONU, Resolución A/RES/41/128, 4 de diciembre de 1986, publicación oficial.

[22] Rafael Gentili. *El ALCA desde la perspectiva de los derechos humanos, en El ALCA y sus peligros para América Latina*, 197-221 (Editorial Clacso, Buenos Aires, 2005)

práctica se observa la aplicación simultánea de derechos de diferentes vertientes, facilitando la convergencia de diferentes derechos en beneficio del ser humano[23].

1.2.3. Principio de Interdependencia

Este concepto consiste en que como consecuencia de la interconexidad entre los derechos, toda acción realizada sobre los derechos humanos afecta transversalmente el sistema, acorde con esto la violación de los Derechos Civiles y Políticos constituye una trasgresión de los derechos Económicos Sociales y Culturales y viceversa, de igual forma acontece con las acciones desarrolladas para la promoción garantía y respeto de los derechos[24].

Continuando con la lógica anterior los Derechos Civiles y Políticos son esenciales para la realización de los Derechos Económicos Sociales y Culturales[25], en tanto que la realización de derechos como el voto, la libertad de conciencia, expresión u asociación entre otros, posibilitan la participación de sectores vulnerables en el diseño de las políticas públicas e inciden de manera determinante en el desarrollo económico, facilitando los condiciones que permiten la realización de los derechos de bienestar y la

---

[23] Antonio Cançado Trindade, Peytrignet, G., y Ruiz De Santiago, J., *As Três Vertentes da Proteção Internacional dos Direitos da Pessoa Humana* 117-121 (San José/Brasília, IIDH/CICV/ACNUR, 1996), citado en Antônio A. Cançado. *La interdependencia de todos los derechos humanos. Obstáculos y desafíos en la implementación de los derechos humanos,* cita 27.

[24] Antônio A. Cançado. *La interdependencia de todos los derechos humanos. Obstáculos y desafíos en la implementación de los derechos humanos.*

[25] Amartya Sen, *Desarrollo y Libertad*, 21 (Editorial Planeta, Barcelona, 2000).

reivindicación de grupos vulnerables, con lo cual se avanza hacia la realización del ideal del ser humano.

En sentido contrario los derechos Económicos Sociales y Culturales son una condición *sine qua non* se pueden realizar los Derechos Civiles y Políticos[26], ya que la satisfacción de necesidades básicas como lo son la salud, educación, vivienda y alimentación entre otras, posibilitan el desarrollo integral de las capacidades y facultades de las personas, razón por la cual la insatisfacción de alguna de estas necesidades implica una deterioro en el aspecto físico (capacidades funcionales), en las posibilidades de participar en las instituciones publicas, en el intercambio cultural y en toda la extensidad de las libertades individuales, razón por la cual es indispensable la realización de los derechos de bienestar para el alcance de las libertades civiles y políticas.

Podemos observar que en los dos sentidos ambos grupos de derechos resultan igualmente esenciales para la materialización del ideal del ser humano, razón por la cual es indispensable la realización conjunta de todos los derechos, en tanto que todos los derechos tienen una necesidad reciproca entre ellos para su realización, por ejemplo el derecho a la educación y el derecho a la libertad de expresión o el derecho a la vivienda y el derecho a la libre locomoción entre otros.

[26] Txetxu Ausín. *Tomando en serio los derechos de bienestar,* 40-41, *Enrahornar: quardens de filosofía*, 83-98 (2008).

En síntesis con los conceptos anteriormente enunciados observamos cómo éstos reconcilian la fragmentación hecha a los derechos humanos, al combinar el discurso liberal con el discurso social, conjugando los valores de libertad e igualdad que hasta el presente se encontraban divididos, pero que en el futuro no podrán ser entendidos de manera aislada.

Capítulo Segundo

Trabajos Preparatorios: un largo e incierto camino para la elaboración del Protocolo Facultativo del PIDESC.

2.1 La Necesidad de un Protocolo Facultativo del PIDESC: una sospecha al interior de las Naciones Unidas.

La posibilidad de realizar un Protocolo Facultativo del Pacto Internacional de Derechos Económicos, Sociales y Culturales fue considerada por primera vez en 1990, esta posibilidad solo fue valorada formalmente desde el sexto periodo de sesiones del Comité de Derechos Económicos Sociales y Culturales en 1991[27].

Durante el año siguiente el Sr. Danilo Türk Relator Especial de la Subcomisión de Prevención de Discriminaciones y Protección a las Minorías, recomienda la necesidad de aprobar un Protocolo Facultativo, en tanto que este ayudaría a optimizar el proceso de reporte y monitoreo de las acciones u omisiones referentes a estos derechos en los Estados

[27] Informe Comité de Derechos Económicos, Sociales y Culturales 14 y 15 Periodo de sesiones E/1997/22 E/C.12/1996/6, Anexo IV, 1997, publicación oficial.

parte, así mismo facilitaría la precisión de las sugerencias y recomendaciones hechas a los Estados para la realización de estos derechos, además de promover el trabajo cooperativo entre diferentes actores internacionales, gubernamentales y no gubernamentales que colaboran para la materialización de estos derechos, finalmente la creación de un protocolo eliminaría en gran medida el trato discriminatorio que se le ha dado a este grupo de derechos, posibilitando la realización conjunta de los derechos humanos[28],

Para la Conferencia Mundial de 1993 se prepararon una serie de estudios y documentos que fueron presentados en ésta, el primero de ellos se denomino "Declaración que se pronunciará ante la Conferencia Mundial de Derechos Humanos en nombre del Comité de Derechos Económicos, Sociales y Culturales", en él que se enfatiza en que el progreso político y el desarrollo económicos son aspiraciones que deben realizarse de manera conjunta y simultanea[29].

El segundo documento fue titulado "Posible protocolo facultativo del Pacto Internacional de Derechos Económicos, Sociales y Culturales", en este texto se resalta la importancia del mecanismo de denuncias individuales (no obligatorio) para la precisión y desarrollo del contenido de los derechos consagrados en el PIDESC, abriendo un marco de investigación que seria inexistente de otra manera[30].

Con lo cual la posibilidad de discutir a nivel internacional la violación de estos derechos, constituiría un incentivo para que los Estados partes hagan mas efectivos los mecanismos

---

[28] Final report submitted by Mr. Danilo Türk, Special Rapporteur E/CN.4/Sub.2/1992/16, Párrafos 211, 213,214215, 3 julio 1992, publicación oficial.

[29] Estado de preparación de las Publicaciones, los Estudios y documentos destinados a la Conferencia Mundial A/CONF.157/PC/62/Add.5, 26 marzo de 1993, publicación oficial.

[30] Ibídem.

locales para la garantía y exigibilidad de estos derechos, disminuyendo la distancia entre las cuestiones relativas a los derechos humanos y la justicia social, finalmente en el escrito se recalca la importancia que tendría la protección de todos los derechos consagrados en el PIDESC, razón por la cual permitir la realización de reservas podría constituir un detrimento para el objeto del protocolo [31]

Durante la conferencia mundial de 1993 se reitera la necesidad de trabajar simultánea y conjuntamente las libertades fundamentales con los derechos humanos, en tanto que estos constituyen un concepto universal, indivisible e interdependiente (Declaración y Programa de Acción de Viena, Parte I articulo 8, 5), de igual forma la conferencia invita a los Estados para que limiten el alcance de cualquier reserva alentándolos a disminuir las posibles incompatibilidades entre las reservas y el objetivo de los instrumentos internacionales, finalmente alienta a la Comisión de Derechos Humanos para que con ayuda del Comité de Derechos Económicos Sociales y Culturales continúen evaluando protocolos facultativos para el PIDESC(Declaración y Programa de Acción de Viena, Parte II articulo 5, 75)[32].

Como consecuencia de lo dispuesto en la Conferencia Mundial la Comisión de Derechos Humanos mediante la Resolución 1994/20 párrafo 6[33], le pide al Comité que informe sobre las medidas tomadas para la elaboración del Protocolo Facultativo, destacando la especial importancia en la necesidad de un mecanismo que permitiera a los particulares y grupos de personas de presentar comunicaciones respecto de la violación de los DESC.

[31] Ibídem.

[32] Programa y Plan de Acción de Viena.12 de julio de 1993, publicación oficial.

[33] Comisión de Derechos Humanos, Resolución 1994/20, 1 de marzo de 1994, publicación oficial.

En respuesta a dicho encargo antes del 52° Periodo de sesiones es presentado el informe E/CN.4/1996/96 [34], en el que se enuncian las acciones desarrolladas al respecto. Posteriormente en el documento E/1997/22 anexo IV [35] se recogen los debates y deliberaciones referentes al protocolo, que tuvieron lugar desde el 11° periodo de sesiones hasta el 15° periodo de sesiones en el Comité ocurridos entre 1991 y 1996, en un primer momento en este documento se señala la gestión de Protocolos Facultativos referentes a La Eliminación de Todas las Formas de Discriminación Contra La Mujer, el desarrollo de mecanismo regionales como el Protocolo de San salvador, en el que se consagra un mecanismo de presentación de denuncias, el Protocolo Adicional de la Carta Social Europea en el que se instituye un mecanismo de denuncias colectivas.

En segundo lugar se señala la importancia y necesidad de un mecanismo de denuncias individuales para la realización de la interdependencia e indivisibilidad de los derechos humanos y así corregir el desequilibrio existente.

Posteriormente en el Proyecto de Protocolo Facultativo examinado en este informe se decide por parte del Comité no incluir el instrumento de denuncias entre Estados, por estar incluido en otros tratados fundamentales de derechos humanos como el referente a los Derechos y Civiles y Políticos y las convenciones referentes a la discriminación y la Tortura, continuando con el examen del proyecto en el informe se resalta la necesidad del protocolo para la materialización de la interdependencia de los derechos humanos,

[34] Informe Comisión de Derechos Humanos anterior al 52° Periodo de Sesiones E/CN.4/1996/96, 5 de febrero de 1996, publicación oficial.

[35] Informe Comité de Derechos Económicos, Sociales y Culturales 14 y 15 Periodo de Sesiones E/1997/22 E/C.12/1996/6, Anexo IV, 1997, publicación oficial.

señalando la necesidad de otorgar posibilidades de acceso a estos procedimientos a todos los titulares de los DESC brindándoles garantías.

De igual forma es enunciada la importancia de incluir todos los derechos contenidos en el PIDESC, aunque se señala el temor de abuso de procedimiento en caso de incluir el articulo primero del Pacto, razón por la cual se debe limitar su alcance a cuestiones relativas a los DESC, así mismo se trata el tema referente a la adopción de un sistema amplio de ratificación o un sistema a la carta, en general el primero es el más deseable pero paralelamente se señalan como ventajas del segundo, la mayor acogida por parte de los Estados y la posible sincronía entre lo ratificado y las realidades sociales propias de cada parte.

Tiempo después el 18 de Diciembre de 1996, en su 53° periodo de sesiones el Comité realiza en un informe, un recuento de lo consagrado en los periodos 13° y 14° de sesiones[36], consecuencialmente en este documento se revisa el proyecto o borrador del protocolo facultativo realizado por el comité. Durante el texto del informe esta entidad señala la importancia que tiene dotar de herramientas procesales a los DESC para su exigibilidad y justiciabilidad, en tanto que estas herramientas facilitarían la consecución de objetivos más generales referentes al desarrollo, económico, el desarrollo social y el trabajo conjunto de la comunidad internacional.

Adicionalmente se reitero el consenso respecto de la no inclusión de una clausula que obligue a los Estados a adoptar las recomendaciones realizadas por el comité, en tanto que

[36] Informe Comisión de Derechos Humanos 53° Periodo de Sesiones E/CN.4/1997/105 ANEXO, 18 de diciembre de 1996, publicación oficial.

esto implicaría el cambio de un mecanismo cuasi judicial a un mecanismo judicial, lo que requeriría mecanismos mas complejos para la resolución de las controversias.

Después de examinado el borrador de protocolo facultativo realizado por el Comité de derechos Económicos, sociales y culturales, la Comisión de Derechos Humanos mediante Resolución 1998/33[37] y la decisión 1997/104[38], Solicita a la Alta Comisionada de Derechos que invite a las Estados parte del PIDESC para que expresen su opinión respecto del documento E/CN.4/1997/105, anexo.

Para el 16 de marzo de 1998 se habían recibido comentarios por parte del Estado de Canadá y del Consejo Internacional de Derecho Ambiental organización no gubernamental[39], en los comentarios se considera prematura la idea de crear un protocolo facultativo para el PIDESC, como consecuencia de la falta de concreción en el contenido de estos derechos, razón por la cual se hace necesario que el comité defina el contenido de los derechos, para que así sean más claras las obligaciones de los Estados facilitando la determinación de los obligaciones de los Estados y de los sucesos en que son vulnerados estos derechos.

EL 7 de Enero de 1999 se recibieron comentarios de Croacia y de Finlandia además de los comentarios de algunas ONGS[40], por su parte Croacia manifiesta la necesidad de que el Comité elabore indicadores claros respecto de la realización de los DESC y así poder

---

[37] Comisión de Derechos Humanos, Resolución 1998/33, articulo 6 aparte VII inciso C, 17 abril de 1998, publicación oficial.

[38] Examen de los nuevos acontecimientos ocurridos en las esferas que se ha ocupado o pueda ocuparse la subcomisión. E/CN.4/Sub.2/1997/24. Párrafo 15, 10 junio de 1997, publicación oficial.

[39] Informe Secretario General Consejo Económico y Social E/CN.4/1998/84, 16 de marzo de 1998, publicación oficial.

[40] Comisión de Derechos Humanos 55° Periodo de Sesiones Tema 10 del Programa Provisional E/CN.4/1999/112. 7 de enero de 1999, publicación oficial.

determinar el cumplimiento o incumplimiento de las obligaciones por parte de los Estados, por otro lado Finlandia destaca la importancia de este instrumento y señala la implementación del mecanismo de denuncias colectivas adoptado en la Carta Social Europea, finalmente el Centro Internacional de Investigaciones y Estudios Sociológicos, Penales y Penitenciarios, comenta su satisfacción respecto del preámbulo, su discordancia respecto de los plazos definidos por ser muy extensos y la importancia de permitir que terceros interpongan comunicaciones en nombre de las victimas e la vulneración de estos derechos

EL 18 de Enero de 2000 con ocasión de la preparación del 56° periodo de sesiones del Comité, se recopilan otros comentarios y observaciones referentes al Protocolo facultativo[41], en primer lugar República Checa considera que la posibilidad de interponer comunicaciones por parte de terceros se debe restringir a los sucesos en que cuente con el consentimiento de la víctima, por su parte Georgia argumenta la necesidad de excluir o limitar el alcance del derechos a la libre determinación en el protocolo facultativo, por otro lado Alemania hace especial hincapié en la necesidad de precisar el contenido de los derechos, Lituania apoya la posibilidad de que personas o grupos de personas presenten comunicaciones, Líbano afirma que se requiere precisiones sobre de los sujetos que pueden presentar comunicaciones y apoya la diversidad de las fuentes de información, finalmente la República Árabe Siria anuncia que expresa que presentara sus comunicaciones en el 56° periodo de sesiones

[41] Comisión de Derechos Humanos 56° Periodo de Sesiones E/CN.4/2000/49, 18 enero de 2000, publicación oficial.

A raíz de las pocas consideraciones enviadas por las Estados parte del PIDESC y de los diferentes actores relacionados con los derechos humanos, se profiere por parte de la Comisión de Derechos Humanos la Resolución 2000/9[42], invitando a los diversos actores para pronunciarse respecto del proyecto de protocolo facultativo (Inciso b, Párrafo 7, Resolución 2000/9), así mismo resalta la importancia de la realización de los DESC para la garantía de la dignidad humana y el libre desarrollo de la personalidad, destacando la universalidad, indivisibilidad e interdependencia de los derechos humanos, adicionalmente afirma la imposibilidad de eximir o excusar a los Estados de la obligación de la realización de alguna de las categorías de derechos humanos.

Como consecuencia de lo anterior se recibieron nuevas consideración por parte de diferentes Estados[43], por su parte Chile apoya decididamente esta iniciativa, mientras que Suecia duda respecto de la idoneidad del protocolo, en tanto que afirma que el comité no ha desempeñado plenamente las labores y competencias que le han sido asignadas

Por otro lado en el 57° periodo de sesiones del comité[44], la Alta Comisionada para los Derechos Humanos afirma la importancia del Protocolo Facultativo para restablecer la simetría entre los diferentes grupos de derechos, acorde con los principios de indivisibilidad e interdependencia de los derechos humanos, razón por la cual debe dársele a los diferentes grupos de derecho la misma importancia y trato, por su parte el Profesor Philip Alston señala la necesidad de proteger efectivamente los DESC mediante el Protocolo, en razón

[42]Comisión de Derechos Humanos Resolución 2000/9, 17 abril de 2000, publicación oficial.

[43] Informe Alta Comisionada para los Derechos Humanos, Proyecto Protocolo Facultativo PIDESC E/CN.4/2001/62 y Add.1, 20 de marzo de 2001, publicación oficial.

[44] Informe Alta Comisionada para los Derechos Humanos, Proyecto Protocolo Facultativo PIDESC E/CN.4/2001/62/Add.2, 22 marzo de 2001, publicación oficial.

del trato diferenciado que se les ha dado a los DESC y de los peligros que implican para estos la globalización y la liberalización de los mercados.

Así mismo el profesor Alston señala la antipatía de algunos Estados respecto del Protocolo, sentimiento que ha provocado la promoción de una negativa ante este proyecto, siendo una de las causales de este sentimiento la vaguedad del contenido de los derechos, respecto de lo cual el profesor afirma que el cuestionamiento sobre la justiciabilidad de los DESC, no constituye un impedimento lo suficientemente fuerte para la no ratificación de este instrumento.

Al respecto recuerda lo sucedido respecto del protocolo facultativo de la Convención para la Eliminación de todas las Formas de Discriminación Contra la Mujer, en el que durante los trabajos preparativos se resolvió y preciso dicho cuestionamiento. Durante las sesiones posteriores se observo la importancia de envolver mas a los Estados en lo referente a la realización del Protocolo Facultativo, motivo por el cual se considero la posibilidad de nombrar un experto independiente o un grupo abierto de trabajo, razón por la cual se destaco el caso del protocolo de la Convención para la Eliminación de la Discriminación contra la Mujer, en el que el Protocolo había sido creado por un grupo abierto de trabajo y no por el comité encargado de estos derechos, razón por la cual de la participación de los gobiernos depende el éxito de esta iniciativa, en tanto que el mayor obstáculo que se ha observado hasta el presente es la resistencia política por parte de los Estados.

2.2 Una mirada a lo incierto: examen concreto de los beneficios y posibles dificultades que podría traer consigo el Protocolo Facultativo del PIDESC.

Como consecuencia de los trabajos anteriores mediante la Resolución 2001/30[45] se decide nombrar un experto independiente para que examine la cuestión referente al Protocolo Facultativo del PIDESC (Articulo 8 Literal C), de igual forma se recuerda en esta resolución la necesidad de liberar al ser humano del temor a la miseria y de garantizar las libertades individuales para la realización del ideal de ser humano, reafirmando la universalidad, indivisibilidad e interdependencia de los derechos humanos.

En el informe realizado por el Sr. Hatem Kotrane el experto independiente[46], en un primer momento se recuerda la universalidad, indivisibilidad e interdependencia de los derechos humanos, señalando la imposibilidad de jerarquización de las obligaciones de los Estados derivadas de los diferentes Pactos de derechos humanos, en segundo lugar afirma el posible inconveniente que podría suscitar la adopción del Protocolo en relación con la duplicidad de instrumentos que existen para la protección de estos derechos, en especial los posibles discordancias que podrían suceder en la interpretación del contenido de los derechos, entre la OIT y la UNESCO con relación al comité.

Dicha colisión de competencias se podría armonizar por un trabajo coordinado y complementado por los diferentes órganos, el experto propone limitar el alcance del protocolo a las violaciones fragantes de los derechos, para esto el experto hace referencia a

[45] Comisión de Derechos Humanos Resolución 2001/30, 20 de abril de 2001, publicación oficial.

[46] Comisión de Derechos Humanos 58° Periodo de Sesiones, Informe del Experto Independiente E/CN.4/2002/57, 12 de febrero de 2002, publicación oficial.

unos informes(derecho a la educación (E/CN.4/1999/49 y E/CN.4/2001/52), derecho a una vivienda adecuada (E/CN.4/2001/51) y derecho a la alimentación (E/CN.4/2001/53)) en los que se explican las situaciones en las que se entiende que se han vulnerado algunos de estos derechos.

Respecto del órgano competente el experto considera que la conjunción de la función de recibir los informes y atender las comunicaciones es incompatible, en tanto que esto generaría reticencias en los Estados al momento de presentar los informes, razón por la cual dichas funciones deberían ser desempeñadas por diferentes órganos, en lo referente a los sujetos que podrían presentar las comunicaciones, el experto considera que no debe extenderse esta posibilidad a terceros de victimas que no pueden ser representadas.

Finalmente el experto concluye afirmando la importancia de este proyecto, para la realización de la indivisibilidad e interdependencia de los derechos humanos, así como el ideal de ser humano.

Posteriormente mediante la resolución 2002/ 24[47] se renueva el periodo del experto independiente por un año, así mismo fija la necesidad de establecer un grupo abierto de trabajo en el 59° periodo de sesiones.

En su segundo informe el experto recomienda apoyar con mayor decisión los Principios de indivisibilidad e interdependencia de los derechos humanos, en tanto que todos los Estados tienen el deber de garantizar el mayor goce posible de los derechos contenidos en el Pacto, en igualdad de condiciones sin discriminación alguna, haciendo especial énfasis en los grupos vulnerables para asegurar la distribución equitativa de los recursos destinados a la

---

[47] Comisión de Derechos Humanos Resolución 2002/24, 22 de abril de 2002, publicación oficial.

realización de estos derechos, así mismo señala los beneficios que se podrían derivar de un mecanismo para la recepción de comunicaciones, entre los cuales se encuentra la posibilidad de crear un cuerpo coherente de principios derivados del examen de casos particulares[48], finalmente el experto recomienda la apertura del grupo abierto de trabajo[49].

2.3 Creación del Grupo Abierto de Trabajo: Una apuesta por los DESC.

Con posterioridad la Comisión de Derechos Humanos mediante la Resolución 2003/18[50], solicita al grupo de trabajo que durante los diez días útiles anteriores del 60° Periodo de Sesiones, evalué la cuestión referente al proyecto de protocolo facultativo (Resolución 2003/18. Párrafo 13), de igual forma en esta Resolución la Comisión recuerda nuevamente la universalidad, indivisibilidad e interdependencia de los derechos humanos.

En el informe presentado por el grupo abierto de trabajo en su primer periodo de sesiones[51], el grupo señala que su punto de partida para orientar el desarrollo de sus deliberaciones, es la universalidad, indivisibilidad e interdependencia de los derechos humanos, en tanto que solamente a través de la realización conjunta de los derechos, se podrá lograr la realización de los mismos.

---

[48] Comisión de Derechos Humanos 59° Periodo de Sesiones, Segundo Informe del Experto Independiente E/CN.4/2003/53, 13 enero de 2003, publicación oficial.

[49] Comisión de Derechos Humanos 59° Periodo de Sesiones, Segundo Informe Corregido del Experto Independiente, E/CN.4/2003/53/Corr.13, 3 de abril de 2003, publicación oficial.

[50] Comisión de Derechos Humanos Resolución 2003/18, 22 de abril de 2003, publicación oficial.

[51] Informe Primer Periodo de Sesiones Grupo Abierto de Trabajo E/CN.4/2004/44, 15 de marzo de 2004, publicación oficial.

Varias delegaciones de diferentes Estados manifestaron su apoyo al proyecto, señalando la importancia que tendría el mecanismo de denuncias para el fortalecimiento de los instrumentos locales para la protección de estos derechos, la inclusión de grupos vulnerables y el desarrollo de jurisprudencia internacional sobre el tema, en contraposición a esta postura las delegaciones de algunos Estados argumentaron las lagunas referentes al contenido de los DESC, como un impedimento para desarrollar el mecanismo de denuncias y la exigibilidad judicial de estos derechos.

Durante el dialogo interactivo de los relatores especiales, ellos señalaron que la realización del Protocolo Facultativo no impondría nuevas obligaciones a los Estados parte del PIDESC, así mismo afirmaron que la naturaleza del comité no es judicial, en tanto que su labor se circunscribe a realizar recomendaciones a los Estados, que faciliten la aplicación de los DESC.

En igual sentido el dialogo interactivo entre los expertos de comités, señalo que los resultados del proceso de comunicaciones será similar al resultado de la presentación de los informes, en tanto que no se tratara de sentencias sino de recomendaciones para la solución de las cuestiones, finalmente en este dialogo se indica el logro de la coherencia en el sistema de derechos humanos, como resultado del trabajo coordinado entre diferentes organismos encargados de proteger estos derechos, en este sentido se expresa la posibilidad de elevar el comité de DESC al estatus de los demás organismos internacionales, permitiéndole desarrollar las labores referentes al mecanismo de comunicaciones.

A lo largo del dialogo fue constante la preocupación de varias delegaciones respecto del alcance de las obligaciones derivadas del PIDESC, con relación a su libertad para diseñar sus políticas públicas, ya que tienen temor que las obligaciones del PIDESC pueda representar una injerencia indebida por parte de instrumentos internacionales en su poder legislativo.

Durante el dialogo se reiteró la intención de crear consistentes criterios de admisibilidad de los recursos, para evitar posibles abusos de procedimiento por parte de los titulares de los derechos, en este sentido se recalcó en la necesidad de complementariedad y coordinación del Comité con otros órganos como la OIT, la UNESCO y con los instrumentos de diferentes esferas como la regional y la nacional

Finalmente se destacó la importancia de este proyecto para mejorar la efectividad en la garantía de estos derechos, además de facilitar el desarrollo del contenido de los mismos, como consecuencia de lo anterior la presidenta del grupo abierto de trabajo recomienda la renovación del mandato para el grupo abierto de trabajo, permitiéndole reunirse 10 útiles anteriores al 61° y 62° periodo de sesiones.

Tomando en cuenta las recomendaciones de la presidenta del grupo abierto de trabajo, la Comisión de Derechos Humanos, mediante la Resolución 2004/29[52] decide renovar el mandato al grupo abierto de trabajo por dos años (Articulo 14 Literal a). En el segundo informe presentado por el grupo abierto de trabajo en el 61° periodo de sesiones[53], atendiendo a la resolución de la Comisión de Derechos Humanos se facilitó el dialogo abierto con los relatores especiales.

---

[52] Comisión de Derechos Humanos Resolución 2004/29, 19 de abril de 2004, publicación oficial.

[53] *Informe Segundo Periodo de Sesiones Grupo Abierto de Trabajo E/CN.4/2005/52, 10 de febrero de 2005, publicación oficial.
*Informe Secretario General 61° Periodo de Sesiones E/CN.4/2005/WG.23/2. párrafo 61, 22 noviembre de 2004, publicación oficial.

El relator Sr. Decaux señalo que la adopción de un sistema de ratificación a la Carta podría implicar el establecimiento de jerarquías entre los derechos, así mismo indico en lo referente a las personas que podrían hacer uso de los recursos del protocolo, que este instrumento facilitaría la participación de un mayor número de personas de la sociedad civil, tanto de individuos como de grupos, con lo cual los Estados estarían incentivados a mejorar la eficacia de los instrumentos nacionales, los cuales podrían ser judiciales o de diferentes índoles. Para concluir el experto destaco que los Estados tendrían un margen de discrecionalidad para adoptar las medidas conducentes para la realización de los derechos.

Por otro lado el relator Sr. ZIegel señalo que la escases de recursos en un Estado no lo imposibilita para cumplir con las obligaciones derivadas del PIDESC de respectar y proteger los derechos, durante este dialogo ambos relatores coincidieron respecto de la competencia del comité para valorar la idoneidad de las medidas adoptadas por los Estados para el cumplimiento de sus obligaciones.

Por su parte el relator Sr. Volodin afirmo que la justiciabilidad de los DESC es una consecuencia directa de la aceptación universal de la indivisibilidad, interdependencia e interrelación de los derechos humanos, así mismo uno de los relatores afirmo que el mecanismo de comunicaciones no era un mecanismo ejecutivo, razón por la cual su alcance se limitaba a ser un recordatorio del incumplimiento de sus obligaciones a los Estados.

Respecto de este mecanismo el relator Sr. Melander señalo que su implementación en el Protocolo Facultativo de la Convención sobre la Mujer, demostraba la viabilidad de este instrumento para la protección de los diferentes grupos de derechos.

Respecto del sistema de ratificación a la carta el relator Sr. Kristensen, expreso que este mecanismo permitía la ratificación del instrumento a países que tenían dificultades en diversas esferas, pero preciso que dicha situación impediría la comprensión plena de la Carta, en razón de que cada Estado tendría una Carta diferente.

En lo referente a la competencia del comité la oficina del asesor jurídico, recordó lo establecido en el memorando del 2 de marzo de 2004, en el que se indicaba que para que el comité pudiera valorar las comunicaciones, era necesario que cada Estado reconociera la competencia del comité y manifestara su deseo de someterse a dicho instrumento, respecto a este tema la delegación francesa señalo la importancia de otorgar al comité el status de tratado, además de consagrar el deber de ceñirse a la futura jurisprudencia del comité, todo ello con arreglo al Artículo 1 del PIDESC.

En el debate las ONG manifestaron la importancia de abordar el Pacto como un todo cohesivo, para lo cual el mecanismo de comunicaciones permitiría prestar más atención en lo referente a la no discriminación entre los derechos.

El 15 de abril del 2005 la Comisión de Derechos Humanos mediante la resolución 2005/22 Artículo 15[54], decide solicitar un informe al grupo abierto de trabajo en el 62° periodo de sesiones, así mismo en esta resolución recibe con satisfacción el informe entregado por el grupo de trabajo del periodo anterior.

Como consecuencia de la solicitud hecha en párrafo 109 del informe sobre el segundo periodo de sesiones del grupo abierto de trabajo, para el tercer periodo de sesiones la

[54] Comisión de Derechos Humanos Resolución 2005/22, 15 abril de 2005, publicación oficial.

presidenta del grupo abierto de trabajo Catarina Albuquerque preparo un documento analítico en que se incluyen los elementos necesarios para la elaboración de un protocolo facultativo[55], con la intención de que con este documento se focalizaran los debates.

Con base en este documento durante el tercer periodo de sesiones del grupo abierto de trabajo[56], se reiteraron los peligros que implicaba de adopción de un sistema a la Carta para la ratificación de los derechos, en tanto que este sistema resulta contrario a la indivisibilidad e interdependencia de los derechos, así mismo se señalo que las reservas en caso de ser permitidas no podrían afectar de manera alguna el objeto y propósito del instrumento, motivo por el cual era necesario conciliar el objetivo de ratificación universal con el objetivo referente a la integridad del Pacto.

Durante las deliberaciones varias delegaciones reconocen la importancia de los beneficios que podría traer consigo la realización del proyecto, entre los que se encuentran la posibilidad de definir el contenido de los derechos mediante el examen de cuestiones particulares, el fortalecimiento de los mecanismos nacionales para la protección de estos derechos (impulsando la reparación a las víctimas y la adopción de medidas legislativas), la coordinación entre instrumentos de diferentes esferas para la protección de los DESC (A raíz de la universalidad, indivisibilidad e interdependencia algunos derechos están

55 Documento Analítico Elementos Necesarios para la Elaboración del Protocolo Facultativo del Pacto Internacional de los Derechos Económicos Sociales y Culturales E/CN.4/2006/WG.23/2, 21 noviembre de 2005, publicación oficial.

56 Informe Tercer Periodo de Sesiones Grupo Abierto de Trabajo E/CN.4/2006/47, 14 marzo de 2006, publicación oficial.

protegidos bajo diferentes marcos) y la posibilidad de acceso a dichos instrumentos por parte de individuos o grupos.

Basados en la observancia de estos beneficios la mayoría de delegaciones expresaron su satisfacción respecto del cumplimiento del mandato por parte del grupo abierto de trabajo, señalando que la única manera para continuar avanzando hacia la materialización de estos derechos seria la realización de un texto, razón por la cual un gran numero de delegaciones solicitaron la prolongación del mandato del grupo para la redacción y negociación del protocolo facultativo, solicitando a la presidenta del grupo abierto la preparación de un primer borrados del protocolo, el cual deberá ser distribuido antes del siguiente periodo de sesiones.

Motivado por lo ocurrido en el tercer periodo de sesiones del grupo abierto el Consejo de Derechos Humanos, mediante la Resolución 1/3[57] decide extender por dos años el mandato al grupo (Articulo 2), paralelamente durante este tiempo la presidenta del grupo abierto de trabajo escribe el primer borrador del protocolo facultativo[58], para que este fuera revisado en el cuarto periodo de sesiones del grupo abierto, dicho documento presenta varias alternativas respecto de las diferentes disposiciones, acorde con las deliberaciones del grupo abierto .

En el cuarto periodo de sesiones del grupo abierto de trabajo[59], en primer lugar se destacó la importancia de fortalecer la protección de los DESC mediante la adopción del Protocolo

[57] Consejo de Derechos Humanos Resolución 1/3, 22 junio de 2006, publicación oficial.

[58] Primer Borrador Protocolo Facultativo PIDESC A/HRC/6/WG.4/2, 23 abril de 2007, publicación oficial.

[59] Informe Cuarto Periodo de Sesiones Grupo Abierto de Trabajo A/HRC/6/8, 30 agosto de 2007, publicación oficial.

Facultativo, así mismo se resaltó la posibilidad de dotar a los diferentes grupos de derechos con un mecanismo de denuncias individuales, sin importar si su realización debía darse de manera progresiva, ya que con esto se lograría unidad y coherencia en el sistema de derechos humanos.

Por su parte algunas delegaciones recalcaron la necesidad de definir el contenido de los derechos y la importancia que tendría el instrumento de denuncias individuales, respecto del cual indicaron que no debería tener requisitos de admisibilidad más rigurosos que los aplicados a denuncias grupales.

Con posterioridad a estas consideraciones se procedió a realizar la lectura del borrador de protocolo facultativo para realizar las deliberaciones, varias delegaciones hicieron hincapié en la importancia de dar un trato igual a los diferentes derechos con base en la Declaración Universal de los Derechos Humanos y la Declaración y Programa Plan de Acción de Viena.

Otras delegaciones indicaron que el sistema de ratificación a la Carta trasgrede la indivisibilidad e interdependencia de los derechos humanos, modificando el contenido de fondo del PIDESC, desprotegiendo los derechos de las víctimas y contrariando el propósito del Protocolo, por su parte en contraposición varias delegaciones manifestaron a su vez su simpatía por el sistema a la Carta, delegaciones como Francia expresaron que en el Protocolo debería valorarse el cumplimiento de las obligaciones de proteger, cumplirse y respetar por parte de los Estados, para lo cual señalo la importancia de definir en que grado son razonables las medidas adoptadas por los Estados.

Algunas delegaciones destacaron la importancia que tendría el mecanismo de medidas provisionales sin restricciones de admisibilidad para el logro del objetivo del Protocolo, al respecto otras delegaciones propusieron la posibilidad de formular observaciones y aportar información con referencia a las medidas provisionales, en lo referente al mecanismo de investigación varias delegaciones destacaron su importancia al señalar que esta herramienta constituye una alternativa, cuando no es posible accionar el instrumento de las comunicaciones, finalmente algunas delegaciones recalcaron el riesgo que implican las reservas en un instrumento procesal para el logro del objetivo y propósito del instrumento.

Concluido el cuarto periodo de sesiones, la presidenta del grupo abierto de trabajo preparo un borrador del protocolo facultativo corregido[60], para que este fuera examinado por el grupo abierto durante su quinto periodo de sesiones, en este documento se realiza una propuesta acorde con las deliberaciones que han tenido lugar hasta el presente.

Con ocasión del quinto periodo de sesiones el Alto Comisionado para los derechos humanos, envía una carta[61] al grupo abierto de trabajo, en la que resalta la profundidad de las deliberaciones del grupo abierto y los grandes avances que tuvieron lugar durante el último periodo, así mismo señala la creación del protocolo facultativo del PIDESC como un acontecimiento histórico para el sistema de derechos humanos, en tanto que este instrumento constituye un inicio para el reconocimiento de la interdependencia e indivisibilidad de los derechos humanos, lo que constituye un regreso a la visión simplificada proclamada por la Declaración Universal de Derechos Humanos, la adopción

[60] Primera Corrección Borrador de Protocolo Facultativo PIDESC. A/HRC/8/WG.4/2, 24 de diciembre de 2007, publicación oficial.

[61] Carta del Alto Comisionado de Derechos Humanos al grupo abierto de trabajo, 31 de marzo de 2008, publicación oficial.

de este instrumento expresa la igual valía e importancia de los derechos humanos, señalando que los mecanismos judiciales o cuasi judiciales son relevantes para la realización de los DESC.

En informe del quinto periodo de sesiones del grupo abierto de trabajo[62], señalan el 60° aniversario de la Declaración Universal de Derechos Humanos, como una ocasión especial para la aprobación del protocolo, en tanto que así se reafirmaría la universalidad, indivisibilidad e interdependencia de los derechos humanos, con posterioridad se disponen a examinar la primera corrección del borrador de Protocolo Facultativo A/HRC/8/WG.4/2, en la primera parte de este periodo de sesiones, que tuvo lugar en el periodo que comprende del 4 al 8 de febrero de 2008; continuo la controversia respecto del sistema de ratificación del instrumento, la posible interferencia en las decisiones de los gobiernos al momento de distribuir los recursos y la manera como será valorado el cumplimiento de las obligaciones por parte de los Estados.

Después de la primera parte de este periodo de sesiones se presentó una nueva corrección del borrador de protocolo facultativo[63], para que el grupo abierto de trabajo lo examinara en el periodo comprendido entre 31 de marzo y el 4 de abril de 2008.

A lo largo del desarrollo de la segunda parte de este periodo de sesiones, se logró el consenso respecto del contenido de algunas disposiciones o de suprimirlas, así mismo persistió la controversia respecto de otras, entre las que se encontraba la referente al sistema

---

[62] Informe Quinto Periodo de Sesiones Grupo Abierto de Trabajo A/HRC/8/7, 6 de mayo de 2008, publicación oficial.

[63] Segunda Corrección Borrador de Protocolo Facultativo PIDESC A/HRC/8/WG.4/3, 28 de febrero de 2008, publicación oficial.

de ratificación del instrumento, durante las deliberaciones algunas delegaciones manifestaron su preocupación respecto de algunas disposiciones que limitaban la protección de estos derechos, así como otras celebraban los progresos derivados de este instrumento para la realización de la indivisibilidad e interdependencia de los derechos humanos, antagónicamente otras delegaciones manifestaban su escepticismo respecto de este protocolo y la incertidumbre que les provocaba su aplicación.

Una vez concluido el debate la presidenta consintió en enviar el texto al Consejo de Derechos Humanos para su examen, concluyendo así el mandato del grupo abierto de trabajo.

En el Consejo de los Derechos Humanos es aprobado y abierto para la firma, ratificación y adhesión el Protocolo Facultativo del PIDESC[64], recomendando que su apertura para la firma sea realizada en la ceremonia que tendría lugar en Viena durante el mes de marzo de 2009.

[64] Consejo de Derechos Humanos Resolución 8/2. 18 de junio de 2008, publicación oficial.

Capítulo Tercero

DISPOSICIONES DEL PROTOCOLO FACULTATIVO DEL PIDESC PARA LA PROTECCIÓN DE LOS DESC.

En este capitulo nos disponemos a analizar el alcance de las disposiciones consagradas en el Protocolo Facultativo, examinando la eficacia de estas medidas respecto de la materialización de los DESC; paralelamente proseguimos a comparar las disposiciones del protocolo con las de otros instrumentos internacionales, para determinar si las disposiciones del instrumento de los DESC se ciñen a los principios integradores del sistema de Derechos Humanos.

3.1 Preámbulo

En el preámbulo del protocolo facultativo del PIDESC [65], se hace referencia a la Declaración Universal de los Derechos Humanos, para recordar la dignidad humana como base para la paz, la justicia y la libertad, enfatizar la necesidad de proteger las libertades y garantías fundamentales para la realización del ideal del ser humano, se hace alusión ala Declaración y Programa de Acción de Viena para reafirmar la universalidad,

[65] Protocolo Facultativo del Pacto Internacional de los Derechos Económicos, Sociales y Culturales, 10 de diciembre de 2008, publicación oficial.

indivisibilidad e interdependencia e interrelación de los derechos humanos; así mismo en el preámbulo se enuncia el deber de progresividad de los Estados para la realización de los DESC, finalmente se encarga al Comité de Derechos Económicos Sociales y Culturales el desarrollo de las funciones asignadas en el Protocolo.

Como consecuencia de la interdepencia entre los diferentes grupos de derechos, lo consagrado en la Declaración y Plan de Acción de Viena[66], la relación existente entre el Protocolo y el logro de objetivos de la comunidad internacional, así como la relevancia que tiene la posibilidad de presentar recursos para la realización de estos derechos y la naturaleza de los mismos, fue necesario crear disposiciones complementarias que diferencian este instrumento de sus homólogos, ya que como consecuencia de los desarrollos en la materia resultan indispensables estas disposiciones complementarias para la realización de los objetivos planteados.

De igual forma en este preámbulo se incluyen apartes que hacen especial referencia a las características particulares de estos derechos, facilitando su entendimiento con lo cual se favorece su implementación[67].

Al respecto es pertinente precisar que acorde con los principios de indivisibilidad e interdependencia de los derechos, los instrumentos de cada grupo de derechos no deben significar la contrapartida o equivalente de los mismos, debido a sus diferencias, aunque en

[66] Programa y Plan de Acción de Viena, 12 de julio de 1993, publicación oficial.

[67] Informe Comité de Derechos Económicos, Sociales y Culturales 14 y 15 Periodo de Sesiones E/1997/22 E/C.12/1996/6, Anexo IV, párrafo 15, 1997, publicación oficial.

caso de existir desigualdades significativas entre los diferentes instrumentos estas se deben justificar en cuestiones objetivas que posibiliten la diferenciación[68].

Gran parte del contenido de este preámbulo es semejante al preámbulo de la Convención Sobre los Derechos de las Personas con Discapacidad, dado que así fue propuesto durante el quinto periodo de sesiones del grupo abierto de trabajo en el que fue aprobado[69].

3.2 Órgano Competente

Respecto del órgano competente este protocolo y todos los instrumentos homólogos, en su primer artículo consagran el reconocimiento de la competencia del Comité por parte de los Estados, dicha competencia le permite al comité recibir, lo cual no implica su valoración y examinar cuando se han colmado los requisitos del procedimiento, las comunicaciones que reciba a raíz del instrumento[70].

Para lo utilización de estos procedimientos es indispensable ser previamente parte del pacto y el Protocolo[71]. Durante la elaboración del protocolo del PIDESC, la oficina del asesor jurídico recordó lo consagrado en el memorando del 2 de marzo de 2004, en el que se decía que para otorgar al comité la facultad de examinar comunicaciones, era necesario

[68] Estado de preparación de las Publicaciones, los Estudios y documentos destinados a la Conferencia Mundial A/CONF.157/PC/62/Add.5, párrafo 41, 26 marzo de 1993, publicación oficial.

[69] Informe Quinto Periodo de Sesiones Grupo Abierto de Trabajo A/HRC/8/7, párrafo 18, 6 de mayo de 2008, publicación oficial.

[70] Informe Comité de Derechos Económicos, Sociales y Culturales 14 y 15 Periodo de Sesiones E/1997/22 E/C.12/1996/6, Anexo IV, párrafo 17, 1997, publicación oficial.

[71] Comité para la Eliminación de la Discriminación contra la Mujer 22 período de sesiones CEDAW/C/2000/I/5, página 16, 3 de diciembre de 1999, publicación oficial.

el reconocimiento de la competencia de este por parte de los Estados durante la adherencia o ratificación de este instrumento[72], al respecto la delegación de Arabia Saudita durante el segundo periodo de sesiones del grupo abierto de trabajo argumento que el carácter subsidiario del comité respecto del Consejo Económico y Social, le restaba independencia para la valoración de las comunicaciones [73].

3.3 Procedimiento de Comunicaciones.

Las personas o grupos de personas que se encuentren bajo la jurisdicción de un Estado parte, tienen la posibilidad de presentar comunicaciones en los sucesos en que sea violado cualquiera de sus DESC, excepcionalmente terceros pueden presentar comunicaciones con el consentimiento de la persona o grupo de personas, existen circunstancias en las que se puede actuar sin dicho consentimiento, cuando el autor de la comunicación lo puede justificar[74].

El hecho que las violaciones de los DESC sean susceptibles del procedimiento de comunicación, no implica que un Estado pueda ser condenado por no haber garantizado a un sujeto determinado la plena realización de un derecho, en tanto que la determinación de

---

[72] Informe Secretario General 61° Periodo de Sesiones E/CN.4/2005/WG.23/2, 22 noviembre de 2004, publicación oficial.

[73] Informe Segundo Periodo de Sesiones Grupo Abierto de Trabajo E/CN.4/2005/52, párrafo 96, 10 de febrero de 2005, publicación oficial.

[74] Protocolo Facultativo del Pacto Internacional de los Derechos Económicos, Sociales y Culturales, artículo 2, 10 de diciembre de 2008, publicación oficial.

la existencia de una violación depende particularmente de los hechos del caso y la naturaleza de la obligación objeto de la controversia[75].

Respecto de los individuos o grupos de personas que pueden presentar comunicaciones, diferentes instrumentos como la Convención Internacional sobre la Eliminación de todas las Formas de Discriminación Racial, el Protocolo Facultativo de la Convención sobre la eliminación de todas las formas de discriminación contra la mujer y el Comité de Derechos Humanos en la esfera del Protocolo Facultativo del Pacto Internacional de Derechos Civiles y Políticos, permiten la presentación de comunicaciones a grupos de personas [76].

Esta posibilidad también se encuentra disponible en el Articulo 44 de la Convención Americana sobre Derechos Humanos[77], solo que en esta convención se restringe la posibilidad de las ONG, al imponerles el deber de estar legalmente reconocidos en alguno de los Estados parte, de manera similar acontece en el Protocolo Adicional de la Carta Social Europea [78]y la OIT[79], en los que se limita la posibilidad de presentar comunicaciones a una lista restrictiva de denunciantes, los cuales deben tener en sus estatutos actividades

---

[75] Informe Comité de Derechos Económicos, Sociales y Culturales 14 y 15 Periodo de Sesiones E/1997/22 E/C.12/1996/6, Anexo IV, párrafo 20, 1997, publicación oficial.

[76] Documento Analítico Elementos Necesarios para la Elaboración del Protocolo Facultativo del Pacto Internacional de los Derechos Económicos Sociales y Culturales E/CN.4/2006/WG.23/2, párrafo 10, 21 noviembre de 2005, publicación oficial.

[77] Convención Americana de Derechos Humanos, 22 de noviembre de 1969, publicación oficial.

[78] Informe Comité de Derechos Económicos, Sociales y Culturales 14 y 15 Periodo de Sesiones E/1997/22 E/C.12/1996/6, Anexo IV, párrafo 19, 1997, publicación oficial.

[79] Documento Analítico Elementos Necesarios para la Elaboración del Protocolo Facultativo del Pacto Internacional de los Derechos Económicos Sociales y Culturales E/CN.4/2006/WG.23/2, párrafo 10, 21 noviembre de 2005, publicación oficial.

tendientes a la promoción de los derechos respecto de los cuales se presenta la comunicación.

En lo referente a los terceros sin consentimiento que pueden interponer comunicaciones sin ser ellos víctimas de la comunicación, el Comité de Derechos Humanos en diferentes oportunidades ha interpretado las disposiciones del Protocolo de PIDCP y del reglamento del comité (Párrafo 1 art 90), afirmando la posibilidad que tienen diferentes grupos de interés público y organizaciones no gubernamentales, para interponer comunicaciones sin la necesidad de identificar o tener relación alguna con el individuo o grupo víctima de la violación, posibilitando así la presentación de denuncias frente a violaciones posibles o inminentes de estos derechos, con lo cual abre la probabilidad de presentación de denuncias especulativas[80].

En lo que respecta a terceros con consentimiento esto sucede cuando las victimas designan un representante para la presentación de la comunicación[81].

3.4 Criterios de Admisibilidad

Ante la posibilidad de colisión o antinomias en la interpretación de los derechos entre los diferentes organismos que protegen en diferentes niveles los DESC, el abuso en el procedimiento o el exceso de comunicaciones, durante la elaboración del Protocolo

[80] Informe Comité de Derechos Económicos, Sociales y Culturales 14 y 15 Periodo de Sesiones E/1997/22 E/C.12/1996/6, Anexo IV, párrafo 23, 1997, publicación oficial.

[81] Documento Analítico Elementos Necesarios para la Elaboración del Protocolo Facultativo del Pacto Internacional de los Derechos Económicos Sociales y Culturales E/CN.4/2006/WG.23/2, párrafo 10, 21 noviembre de 2005, publicación oficial.

Facultativo del PIDESC, se plantearon los requisitos de admisibilidad como un mecanismo para superar estas probabilidades[82].

Los criterios de admisibilidad establecidos a lo largo del Protocolo[83] son los siguientes[84]:

- **Legitimación de la persona:** tema abordado anteriormente.
- **Ratione materia:** acorde con este criterio la violación objeto del procedimiento, debe ser respecto de alguno de los derechos consagrados en el pacto o alguna disposición referente al procedimiento
- **Ratione loci:** este criterio implica una relación entre la victima de la violación y el Estado en que ocurrió dicha trasgresión.
- **Ratione temporis**: en concordancia con este criterio, solo son objeto de denuncias las trasgresiones del pacto que tiene lugar con posterioridad de la entrada en vigor del Protocolo, a menos que la trasgresión del pacto iniciada en el pasado subsista durante la vigencia del instrumento, así mismo este criterio implica que no se puede realizar comunicaciones después de un año de haber agotado los recursos internos, con excepción de los casos en que el autor pueda demostrar su imposibilidad.
- **Identificación de la víctima:** con este criterio se pretende individualizar al sujeto o al grupo objeto de la violación.

---

[82] Informe Segundo Periodo de Sesiones Grupo Abierto de Trabajo E/CN.4/2005/52, párrafo 61, 10 de febrero de 2005, publicación oficial.

[83] Protocolo Facultativo del Pacto Internacional de los Derechos Económicos, Sociales y Culturales, articulo 2,3 y 18, 10 de diciembre de 2008, publicación oficial.

[84] Documento Analítico Elementos Necesarios para la Elaboración del Protocolo Facultativo del Pacto Internacional de los Derechos Económicos Sociales y Culturales E/CN.4/2006/WG.23/2, párrafo 7, 21 noviembre de 2005, publicación oficial.

- **Exclusión de Comunicaciones** Anónimas: este elemento es común en todos los instrumentos del sistema de Naciones Unidas[85], este elemento no implica una imposibilidad para mantener en confidencialidad la identidad del accionante o accionantes ante el Estado objeto del instrumento.
- **Abuso de derecho a presentar comunicaciones:** con este criterio se inadmiten las comunicaciones, que acorde con la valoración del Comité son contrarias al objeto y finalidad del instrumento.
- **No duplicación de procedimiento:** mediante este criterio se inadmiten las cuestiones que están siendo examinadas por otros organismo internacionales o regionales de manera simultanea, así mismo se excluyen las cuestiones que fueron valoradas por el Comité, esta disposición pretende evitar la valoración sucesiva de las mismas, esta disposición es diferente a lo consagrado en el Protocolo del PIDCP[86] en el que se excluye únicamente el análisis simultaneo permitiendo el sucesivo.
- **Agotamiento de recursos internos:** acorde con este enunciado, el autor de una comunicación debe agotar todos los instrumentos nacionales antes de acudir ante este instrumento internacional, excepcionalmente el autor de la comunicación podrá acudir a instrumentos internacionales cuando los recursos de su país se prologuen injustificadamente o las soluciones logradas sean ineficaces, acorde con el sistema interamericano existen tres excepciones a la regla que son: la ausencia de garantías procesales, al accionante se le negado el acceso a los recursos o se le impide su

---

[85] Comité para la Eliminación de la Discriminación contra la Mujer 22 período de sesiones CEDAW/C/2000/I/5, pagina 17, 3 de diciembre de 1999, publicación oficial.

[86] Protocolo Facultativo del Pacto Internacional de Derechos Civiles y Políticos ART 2 INC a, 23 de marzo de 1976, publicación oficial.

agotamiento, y finalmente la demora injustificada para proferir un fallo determinante.

Al respecto varias delegaciones durante la elaboración del protocolo propusieron que los recursos internos no se limitaran a la esfera judicial[87].

- **Naturaleza escrita:** en todos los procedimientos se establece este requisito para la presentación de las denuncias[88], aunque las disposiciones del Comité para la Eliminación de la Discriminación Racial y del Comité contra la Tortura, permite que los autores comparezcan personalmente, esta es una posibilidad que no ha ocurrido hasta el presente[89].
- **Sustanciación:** acorde con este criterio plasmado en la Convención sobre la eliminación de todas las formas de discriminación contra la mujer, se considera inadmisible una comunicación Infundada o insuficientemente sustanciada[90].

Adicionalmente durante los trabajos preparatorios de la elaboración del presente protocolo varias delegaciones propusieron otros criterios de admisibilidad, como el agotamiento de los recursos regionales, frente a esta propuesta se consideró que los instrumentos regionales son aplicables a diferentes tratados de manera diversa, razón por la cual se genera dificultad

[87] Informe Segundo Periodo de Sesiones Grupo Abierto de Trabajo E/CN.4/2005/52, párrafo 91, 10 de febrero de 2005, publicación oficial.

[88] Comité para la Eliminación de la Discriminación contra la Mujer 22 período de sesiones CEDAW/C/2000/I/5, página 17, 3 de diciembre de 1999, publicación oficial.

[89] Documento Analítico Elementos Necesarios para la Elaboración del Protocolo Facultativo del Pacto Internacional de los Derechos Económicos Sociales y Culturales E/CN.4/2006/WG.23/2, párrafo 13, 21 noviembre de 2005, publicación oficial.

[90] ibídem. Párrafo 7.

para determinar los supuestos en que esta instancia ha sido agotada, además de implicar una dilación para la protección de los derechos a nivel internacional[91].

Finalmente respecto de la admisibilidad de una comunicación en el Protocolo Facultativo del PIDESC, se consagra que el Comité está facultado para no examinar una comunicación cuando el autor no se encuentre en una clara situación de desventaja, a menos que el Comité considere que la comunicación trata cuestiones de importancia general[92], al respecto este Protocolo es el único que tiene dicho requisito de admisibilidad imponiendo una carga adicional, que restringe de manera contundente el acceso a los procedimientos consagrados en el Protocolo, razón por la cual dicha condición deberá ser interpretada acorde con la particularidad de las circunstancias[93].

3.5 Medidas Provisionales.

En el presente protocolo se consagraron las medidas provisionales en casos excepcionales para evitar daños irreparables a las víctimas, la adopción de dichas medidas no implica un pronunciamiento por parte del Comité sobre la admisibilidad o el fondo de la cuestión[94], estas medidas pueden ser confirmadas o revocadas con posterioridad al examen de fondo de la cuestión.

---

[91] Ibídem. Párrafo 8.

[92] Protocolo Facultativo del Pacto Internacional de los Derechos Económicos, Sociales y Culturales, articulo 4, 10 de diciembre de 2008, publicación oficial.

[93] Informe Quinto Periodo de Sesiones Grupo Abierto de Trabajo A/HRC/8/7, párrafo 254, 6 de mayo de 2008, publicación oficial.

[94] Protocolo Facultativo del Pacto Internacional de los Derechos Económicos, Sociales y Culturales, articulo 5, 10 de diciembre de 2008, publicación oficial.

La particularidad de estas medidas se debe a que el Comité de Derechos Humanos, considero en su momento indeseable la adopción de medidas generales para todos los casos, razón por la cual prefirió concederle facultades discrecionales al Comité, para que en casos graves ante el riesgo de daños irreparables, adopte medidas provisionales acorde con las particularidades de cada cuestión; es por ello que aunque no es expresa esta posibilidad para la protección de los Derechos Civiles y Políticos, el Comité de Derechos Humanos ha aprobado procedimientos que colman esta laguna[95]

Un ejemplo de la trascendencia y necesidad de estas medidas han sido las casos en que el Comité de Derechos Humanos ha adoptado medidas provisionales para salvaguardar derechos como la vida[96].

Esta disposición solo ha sido adoptada expresamente en el protocolo facultativo de la Convención sobre la Eliminación de Todas las Formas de Discriminación contra la Mujer[97], así mismo esta medida se encuentra en los reglamentos del Comité de Derechos Humanos, el Comité contra la Tortura y el Comité para la Eliminación de la Discriminación Racial[98].

---

[95] Informe Comité de Derechos Económicos, Sociales y Culturales 14 y 15 Periodo de Sesiones E/1997/22 E/C.12/1996/6, Anexo IV, Párrafo 36, 1997, publicación oficial.

[96] Documento Analítico Elementos Necesarios para la Elaboración del Protocolo Facultativo del Pacto Internacional de los Derechos Económicos Sociales y Culturales E/CN.4/2006/WG.23/2, Párrafo 17, 21 noviembre de 2005, publicación oficial.

[97] Protocolo Facultativo de la Convención sobre la Eliminación de Formas de Discriminación contra la Mujer, articulo 5.1, 6 de octubre de 1999, publicación oficial.

[98] Documento Analítico Elementos Necesarios para la Elaboración del Protocolo Facultativo del Pacto Internacional de los Derechos Económicos Sociales y Culturales E/CN.4/2006/WG.23/2, Párrafo 17, 21 noviembre de 2005, publicación oficial.

Durante la elaboración del protocolo algunas delegaciones manifestaron su inconformismo, en razón de que en el texto del instrumento no se resalta la ausencia de poder vinculante de dichas medidas[99].

3.6 Trasmisión de las Comunicaciones

En lo referente a la transmisión de las comunicaciones el presente Protocolo ha dispuesto, que las comunicaciones en caso de ser admitidas serán remitidas por parte del Comité al Estado interesado de manera confidencial, una vez remitida el Estado en un plazo de seis meses deberá comunicar sus declaraciones, explicaciones o medidas correctivas adoptadas[100].

Respecto de este trámite en otros instrumentos internacionales como la Convención Internacional contra todas las formas de discriminación racial[101] y la convención sobre la eliminación de formas de discriminación contra la mujer [102], se estipula que la comunicación será transferida de manera confidencial al Estado interesado, así mismo la identidad del autor de la comunicación será revelada únicamente en los casos en que el accionante lo consienta.

---

[99] Informe Quinto Periodo de Sesiones Grupo Abierto de Trabajo A/HRC/8/7, párrafo 230, 6 de mayo de 2008, publicación oficial.

[100] Protocolo Facultativo del Pacto Internacional de los Derechos Económicos, Sociales y Culturales, articulo 6, 10 de diciembre de 2008, publicación oficial..

[101] Convención Internacional Contra todas las Formas de Discriminación Racial, articulo 14.6.a, 21 de diciembre de 1965, publicación oficial.

[102] Protocolo Facultativo de la Convención sobre la Eliminación de Formas de Discriminación contra la Mujer. Art 6.1, 6 de octubre de 1999, publicación oficial.

Con relación al término de seis meses para responder al comité, este plazo es común en todos los instrumentos internacionales del sistema de la ONU, con excepción de Convención Internacional contra todas las formas de Discriminación Racial[103], en el que se dispone de tres meses para realizar dicha contestación, este plazo fue considerado durante la realización del protocolo del PIDESC, pero se dejó de lado al observar que la experiencia internacional demostraba que era un tiempo muy corto[104].

3.7 Solución amigable de controversias.

Otro de los instrumentos consagrado en el protocolo facultativo del PIDES es la solución amigable de controversias, herramienta con la cual el Comité de los DESC presta sus buenos oficios para el arreglo de controversias entre las partes referentes a estos derechos, verificando que el arreglo se ajuste a lo consagrado en el pacto, con este arreglo se da por terminado el examen de la cuestión[105].

Este instrumento le permite a las partes lograr un consenso antes que el Comité emita el resultado de su examen de fondo de la cuestión, desarrollando de esta manera uno de los principios determinantes del derecho internacional, este instrumento se encuentra en el Sistema Interamericano[106] y en la Convención Europea[107].

---

[103] Convención Internacional Contra todas las Formas de Discriminación Racial, articulo 14.6.b, 21 de diciembre de 1965, publicación oficial.

[104]Informe Comité de Derechos Económicos, Sociales y Culturales 14 y 15 Periodo de Sesiones E/1997/22 E/C.12/1996/6, Anexo IV, párrafo 40, 1997, publicación oficial.

[105] Protocolo Facultativo del Pacto Internacional de los Derechos Económicos, Sociales y Culturales, articulo 7, 10 de diciembre de 2008, publicación oficial.

[106] Convención Americana de Derechos Humanos, articulo 48, 22 de noviembre de 1969, publicación oficial.

3.8 Examen de las Comunicaciones.

El examen de comunicaciones admisibles contenido en el presente Protocolo, permite al comité valorar información de diferentes fuentes para la emisión de su dictamen, el examen de la cuestión se realizara en privado y en dicha valoración el Comité puede determinar si las medidas adoptadas por los Estados para la protección de los DESC son razonables acorde con lo consagrado en la Parte II del PIDESC[108].

Las recomendaciones realizadas por el Comité pueden ser generales o específicas, como lo sería la revisión de una política en particular o la derogación de algunas normas [109], así mismo el examen de una comunicación podría implicar la valoración de políticas públicas adoptadas por un Estado con relación a las disposiciones del Pacto, situación en la cual la valoración por parte del Comité de la comunicación puede implicar consecuencias en esferas que exceden la competencia del Comité referente consagrado en el Pacto[110], tal como ocurre con el Protocolo Facultativo de la Convención sobre la Eliminación de todas

---

[107] Convención Europea de Derechos Humanos, articulo 28, 4 de noviembre de 1950, publicación oficial.

[108] Protocolo Facultativo del Pacto Internacional de los Derechos Económicos, Sociales y Culturales, articulo 8, 10 de diciembre de 2008, publicación oficial.

[109] Documento Analítico Elementos Necesarios para la Elaboración del Protocolo Facultativo del Pacto Internacional de los Derechos Económicos Sociales y Culturales E/CN.4/2006/WG.23/2, párrafo 19, 21 noviembre de 2005, publicación oficial.

[110] Ibídem. Párrafo 37.

las formas de Discriminación contra la Mujer, en el que al examinar una cuestión se abordan y se deciden de manera conjunta tópicos referentes a los DCP y los DESC[111].

Acorde con la experiencia lograda con este mecanismo en el Protocolo Facultativo del PIDCP, este procedimiento permite aclarar y definir el contenido normativo de los derechos, con relación a otros instrumentos no ha habido lugar al desarrollo de una experiencia que nos permita hacer afirmaciones de tal tipo, en tanto que han sido pocas las comunicaciones admitidas o ha sido muy corto el tiempo de vigencia de estos instrumentos[112].

Otro de los beneficios de este instrumento es que a pesar de carecer de poder vinculante de los comentarios o recomendaciones del Comité, constituyen opiniones jurídicas que difícilmente pueden ser ignoradas por los Estados, en tanto que integran parte de los intereses políticos de los gobiernos de cada Estado[113].

En otros instrumentos internacionales como el Protocolo Facultativo de la Convención sobre la Eliminación de todas las formas de Discriminación contra la Mujer [114], Reglas de

[111] Informe Segundo Periodo de Sesiones Grupo Abierto de Trabajo E/CN.4/2005/52, párrafo 39, 10 de febrero de 2005, publicación oficial.

[112] Estado de preparación de las Publicaciones, los Estudios y documentos destinados a la Conferencia Mundial A/CONF.157/PC/62/Add.5, párrafo 29, 26 marzo de 1993, publicación oficial.

[113] Ibídem. Párrafo 37.

[114] Protocolo Facultativo de la Convención sobre la Eliminación de Formas de Discriminación contra la Mujer. Art 7.1, 6 de octubre de 1999, publicación oficial.

Procedimiento del Comité contra la Discriminación Racial[115], la Convención contra la Tortura y otros Tratos o Penas Crueles, Inhumanos o Degradantes [116] y la Convención Internacional sobre la Protección de los Derechos de Todos los Trabajadores Migratorios y sus Familias[117], se permite la recepción de información proveniente de sujetos o entidades diferentes a las partes interesadas, con lo cual se favorece un examen imparcial de las cuestiones.

Por su parte todos los instrumentos internacionales del sistema de Naciones Unidas, determinan que el Comité correspondiente examine las cuestiones en sesiones privadas[118], aunque en el marco de la Unesco algunas cuestiones de interés general como las referentes a violaciones masivas, pueden ser examinadas de forma pública, aunque nunca se ha materializado dicha opción hasta el presente[119].

---

[115] Reglas de Procedimiento del Comité contra la Discriminación Racial. Regla 72, 1 enero de 1989, publicación oficial.

[116] Convención contra la Tortura y otros Tratos o Penas Crueles, Inhumanos o Degradantes. Art 22. 4, 10 diciembre de 1984, publicación oficial.

[117]Convención Internacional sobre la Protección de los Derechos de Todos los Trabajadores Migratorios y sus Familias, articulo 77.5, 18 de diciembre de 1990, publicación oficial.

[118] Comité para la Eliminación de la Discriminación contra la Mujer 22 período de sesiones CEDAW/C/2000/I/5, página 20, 3 de diciembre de 1999, publicación oficial.

[119] Informe Secretario General 61° Periodo de Sesiones E/CN.4/2005/WG.23/2. párrafo 61, 22 noviembre de 2004, publicación oficial.

3.9 Seguimiento de las Observaciones del Comité.

Una vez examinada la cuestión, el dictamen y las recomendaciones (en caso de tener lugar) son comunicados a las partes, después de esto el Estado parte cuenta con seis meses para expresar sus observaciones respecto del dictamen o las recomendaciones, y comunicar las medidas adoptadas a raíz del dictamen, por su parte el Comité para seguir el cumplimiento de las comunicaciones, tiene facultades para solicitar al Estado mas información respecto de las medidas adoptadas con ocasión del dictamen, esta información puede ser solicitada como una inclusión en el informe periódico[120].

A nivel internacional la herramienta para el seguimiento de las recomendaciones o dictámenes de los diferentes comités, ha sido desarrollado de distintas maneras, en lo referente a los Derechos Civiles y Políticos estas medidas no han sido consagrados de forma expresa en los instrumentos internacionales, razón por la cual desde 1990 el Comité de Derechos Humanos ha desarrollado herramientas para asegurar el cumplimiento de los dictámenes emitidos por este organismo[121].

Los mecanismos creados por este Comité de Derechos Humanos, consisten en el otorgamiento de plazos para que el Estado parte, informe sobre las medidas adoptadas con ocasión de sus recomendaciones, otro mecanismo que es usado alternativamente es el

---

[120] Protocolo Facultativo del Pacto Internacional de los Derechos Económicos, Sociales y Culturales, articulo 9, 10 de diciembre de 2008, publicación oficial.

[121] Informe Comité de Derechos Económicos, Sociales y Culturales 14 y 15 Periodo de Sesiones E/1997/22 E/C.12/1996/6, Anexo IV, párrafo 50, 1997, publicación oficial.

nombramiento de un relator especial que indague sobre el cumplimiento de dichas recomendaciones[122].

Un mecanismo semejante se encuentra consagrado de manera expresa en el Protocolo Facultativo de la Convención sobre la Eliminación de todas las formas de Discriminación contra la Mujer[123], solo que en este se adiciona la posibilidad de encomendar a un grupo abierto de trabajo el seguimiento del cumplimiento de las recomendaciones por parte del Estado, en instrumentos como Convención Internacional sobre la Eliminación de todas las Formas de Discriminación Racial[124] y el Reglamento del Comité Contra la Tortura[125].

En otros sistemas de presentación de quejas y comunicaciones como en el de la O.I.T, existen mecanismos de seguimiento del cumplimiento de las observaciones, en esta entidad a través de los órganos regulares y del Comité de Libertad Sindical, se verifica la realización de hechos encaminados a la materialización de las observaciones hechas[126].

Con base en la experiencia obtenida con la implementación de estos instrumentos, se ha observado que su existencia constituye un incentivo, para que los Estados adopten con prontitud medidas conducentes a la materialización de las observaciones u dictámenes

---

122 Documento Analítico Elementos Necesarios para la Elaboración del Protocolo Facultativo del Pacto Internacional de los Derechos Económicos Sociales y Culturales E/CN.4/2006/WG.23/2, párrafo 46, 21 noviembre de 2005, publicación oficial.

123 Protocolo Facultativo de la Convención sobre la Eliminación de Formas de Discriminación contra la Mujer, articulo 7.4 y 7.5, 6 de octubre de 1999, publicación oficial.

124 Convención Internacional Contra todas las Formas de Discriminación Racial, articulo 9, 21 de diciembre de 1965, publicación oficial.

125 Reglamento del Comité Contra la Tortura, artículo 110 núm. 2, 13 julio de 1998, publicación oficial.

126 Documento Analítico Elementos Necesarios para la Elaboración del Protocolo Facultativo del Pacto Internacional de los Derechos Económicos Sociales y Culturales E/CN.4/2006/WG.23/2, párrafo 22, 21 noviembre de 2005, publicación oficial.

dados, incrementando de esta manera la eficacia del instrumento de comunicaciones y facilitando una mejor practica en el sistema entre los diferentes actores[127].

Durante la elaboración del Protocolo Facultativo del PIDESC, el Comité señalo que las recomendaciones o dictámenes no poseen un carácter vinculante, en tanto que esto les daría un carácter judicial a los pronunciamientos, con lo cual se harían necesarios instrumentos mas complejos para la protección de las garantías procesales de los sujetos[128], a pesar de la ausencia de coerción y generalidad de las observaciones, para la valoración de las medidas adoptadas por los Estados, se considera que estas deben ser razonables y objetivamente justificables con relación al cumplimiento de las obligaciones derivadas del PIDESC[129]

3.10 Comunicaciones entre Estados.

Un instrumento de gran importancia en el Protocolo Facultativo del PIDESC, ha sido el de comunicaciones entre Estados[130], acorde con este procedimiento los Estados parte del Protocolo deben reconocer la competencia del Comité para examinar este tipo de denuncias, para acceder a la posibilidad de formulación de las mismas, así mismo los

[127] Ibídem Párrafo 23.

[128] Informe Comité de Derechos Económicos, Sociales y Culturales 14 y 15 Periodo de Sesiones E/1997/22 E/C.12/1996/6, Anexo IV, párrafo 47, 1997, publicación oficial.

[129] Informe Segundo Periodo de Sesiones Grupo Abierto de Trabajo E/CN.4/2005/52, párrafo 65, 10 de febrero de 2005, publicación oficial.

[130] Protocolo Facultativo del Pacto Internacional de los Derechos Económicos, Sociales y Culturales, articulo 10, 10 de diciembre de 2008, publicación oficial.

Estado pueden retirar su reconocimiento de la competencia del Comité, sin que esto afecte las denuncias que han sido recibidas con anterioridad a dicha declaración.

Cuando el Estado y/o el Comité han recibido la comunicación, en la que un Estado afirma que otro Estado no está cumplimiento con las obligaciones derivadas del PIDESC, el Estado objeto de la comunicación cuenta con tres meses para explicar y enunciar las medidas que ha adoptado para la garantía y defensa de los DESC, en el suceso en que la cuestión no se resuelva durante seis meses entre los Estados, la comunicación será remitida al Comité.

El cual prestara sus buenos oficios para la solución de la controversia una vez se halla cerciorado de el agotamiento de los recursos internos, el Comité examinara la cuestión en privado y está facultado para solicitar la información adicional que considere pertinente, por sus parte los Estado tienen el derecho a ser representados durante el examen de la cuestión, permitiéndoseles la presentación de escritos o declaraciones verbales, en caso de lograrse una solución amigable o persista la controversia el comité presentara un informe en el que relatara lo sucedido.

Este procedimiento ha sido incluido en los principales Tratados Internacionales de Derechos Humanos, con el transcurso del tiempo se ha observado que este procedimiento ha sido poco usado, en tanto que se ha observado cautela por parte de los Estados para invocar este procedimiento, un ejemplos de ello es el hecho que hasta el año 2005, este instrumento jamás ha sido invocado en el marco de los Derechos Civiles y Políticos, la Convención Internacional Sobre la Eliminación de Todas las formas de Discriminación Racial, la Convención contra la Tortura y otros Tratos o Penas Crueles Inhumanos Y

Degradantes y la Convención para la Protección de los Derechos de los Trabajadores Migratorios y sus Familias[131].

A pesar de dicho desuso es necesario aclarar que este mecanismo debe entenderse como adicional al instrumento de comunicaciones, en tanto que este procedimiento no logra sustituir el valor que tiene el mecanismo de denuncias para la precisión del contenido de los derechos y su desarrollo jurisprudencial[132].

Como muestra de la precaución de los Estados respecto de este instrumento, se observa que en algunos instrumentos se ha dado especial preponderancia a la solución amistosa de las controversias, tal es el caso del Comité contra la Tortura, el Comité para la Eliminación de la Discriminación contra la Mujer y el Comité de Protección de los Trabajadores Migratorios y sus Familias, que establecen que las controversias deberán resolverse en un primer momento mediante negociación , en el suceso en que esta no tenga éxito mediante arbitraje, finalmente en el evento en que las partes no logren consenso respecto del término del arbitramento durante seis meses, se posibilita en este caso a cualquiera de las partes para remitir la cuestión a la Corte Internacional de Justicia[133].

[131] Documento Analítico Elementos Necesarios para la Elaboración del Protocolo Facultativo del Pacto Internacional de los Derechos Económicos Sociales y Culturales E/CN.4/2006/WG.23/2, párrafo 31, 21 noviembre de 2005, publicación oficial.

[132] Informe Comité de Derechos Económicos, Sociales y Culturales 14 y 15 Periodo de Sesiones E/1997/22 E/C.12/1996/6, Anexo IV, párrafos 51 y 52, 1997, publicación oficial.

[133] Informe Secretario General 61° Periodo de Sesiones E/CN.4/2005/WG.23/2. párrafo 63, 22 noviembre de 2004, publicación oficial.

En el marco de los Derechos Civiles y Políticos [134]y la Convención Internacional Sobre la Eliminación de todas las formas de Discriminación Racial[135], cuando no es posible llegar a un acuerdo amistoso entre los Estados, son nombrados con la aceptación de los Estados cinco miembros para integrar una Comisión Especial de Conciliación. Una diferencia importante en estos marcos es que en la Convención Internacional Sobre la Eliminación de todas las formas de Discriminación Racial dicho procedimiento es aplicable a todos los Estados partes de la Convención, mientras que el marco de los Derechos Civiles y Políticos este procedimiento solo puede ser aplicable a los Estados que han reconocido la competencia del Comité de Derechos Humanos[136].

De manera similar como acontece con Convención contra la Tortura y otros Tratos o Penas Crueles Inhumanos Y Degradantes [137] y la Convención Internacional sobre la Protección de los Derechos de los Trabajadores Migratorios y sus Familias [138], en tanto que es necesario el reconocimiento de la competencia del Comité para acceder al mecanismo de denuncias entre Estados.

[134]Pacto internacional de los Derechos civiles y Políticos, articulo 41 y 43, 16 diciembre de 1966, publicación oficial.

[135]Convención Internacional Contra todas las Formas de Discriminación Racial, artículos 11-13, 21 de diciembre de 1965, publicación oficial.

[136] Documento Analítico Elementos Necesarios para la Elaboración del Protocolo Facultativo del Pacto Internacional de los Derechos Económicos Sociales y Culturales E/CN.4/2006/WG.23/2, párrafos 32 y 33, 21 noviembre de 2005, publicación oficial.

[137] Convención contra la Tortura y otros Tratos o Penas Crueles, Inhumanos o Degradantes, articulo 21, 10 diciembre de 1984, publicación oficial.

[138] Convención Internacional sobre la Protección de los Derechos de Todos los Trabajadores Migratorios y sus Familias Art. 76, 18 de diciembre de 1990, publicación oficial.

En entidades como la O.I.T se encuentra incluido este mecanismo[139], dándole un tratamiento similar al de los instrumentos anteriormente enunciados en los que se intenta en un primer momento la solución amistosa de la controversia, para luego remitir la controversia en caso de subsistir a la Corte Internacional de Justicia.

3.11 Procedimiento de Investigación.

En el presente Protocolo se ha consagrado el procedimiento de Investigación[140], consistente en la posibilidad que tiene el Comité, en el suceso de recibir información fidedigna sobre violaciones graves o sistemáticas de los DESC en un Estado parte, de invitar al Estado objeto de esta información, para examinarla y expresar sus observaciones; en desarrollo de este procedimiento el Comité puede encargar a sus miembros la investigación de la cuestión de la que se derivara la presentación de un informe.

Una vez valorado el informe y toda la información se le comunicara al Estado las observaciones y recomendaciones derivadas de dicho examen, pasados seis meses después de haber recibido estas recomendaciones, el Estado deberá presentar sus observaciones al Comité; finalizado este proceso se podrá incluir un resumen de lo sucedido en el informe anual.

[139]Constitución de la Organización Internacional del Trabajo Art 24, 26, 29 y 31, 1919, publicación oficial.

[140] Protocolo Facultativo del Pacto Internacional de los Derechos Económicos, Sociales y Culturales, articulo 11, 10 de diciembre de 2008, publicación oficial.

Para que este procedimiento tenga lugar es necesario que el Estado parte reconozca la competencia del Comité ante la secretaria de las Naciones Unidas, esta declaración puede ser revocada en cualquier momento.

Existen varias diferencias entre el procedimiento de investigación y el de denuncias, la primera de ellas consiste en que en el proceso de investigación el inicio de un proceso depende de la voluntad del Comité, la segunda corresponde a que en el procedimiento de investigación se hace necesario que la violación que se trate sea grave o sistemática y finalmente la tercera diferencia consiste en que en el instrumento de investigación puede no haber víctimas[141].

En instrumentos internacionales como la Convención contra la Tortura[142] y el Protocolo Facultativo de la Convención sobre la Eliminación de todas las Formas de Discriminación contra la Mujer[143], la adherencia a este instrumento se da por entendida, razón por la cual en el suceso en que un Estado no desee vincularse a este proceso, deberá expresarlo en el momento de adherencia o ratificación del instrumento, mecanismo de ratificación contrario al consagrado en el Protocolo Facultativo del PIDESC, en el que en caso de querer vincularse a este instrumento los Estados deberán expresarlo al momento de adherirse reconociendo la competencia del Comité.

[141] Documento Analítico Elementos Necesarios para la Elaboración del Protocolo Facultativo del Pacto Internacional de los Derechos Económicos Sociales y Culturales E/CN.4/2006/WG.23/2, párrafo 19, 21 noviembre de 2005, publicación oficial.

[142]Convención contra la Tortura y otros Tratos o Penas Crueles, Inhumanos o Degradantes, articulo 20, 10 diciembre de 1984, publicación oficial.

[143] Protocolo Facultativo de la Convención sobre la Eliminación de Formas de Discriminación contra la Mujer, artículos 8,9 y 10, 6 de octubre de 1999, publicación oficial.

Este punto genero gran controversia durante la realización del instrumento, dejando a algunas delegaciones insatisfechas por haber consagrado un mecanismo de inclusión expresa[144], en contraposición a lo dispuesto en los instrumentos que cuentan con este procedimiento.

3.12 Seguimiento del Procedimiento de Investigación.

En el Protocolo Facultativo del PIDESC el procedimiento de investigación es acompañado de un seguimiento del mismo[145], acorde con este el Comité puede invitar al Estado objeto de la investigación, a incluir en su informe anual detalles respecto de los resultados derivados de este procedimiento, en el suceso en que se venza el plazo de seis meses contemplado en el artículo anterior, el Comité podrá solicitar al Estado que le informe sobre las medidas adoptadas como consecuencia de la investigación.

El seguimiento del procedimiento en el Protocolo Facultativo de la Convención sobre la Eliminación de todas las Formas de Discriminación contra la Mujer[146], se encuentra consagrado de igual manera como el Protocolo Facultado del PIDESC, mientras que en la

---

[144] Informe Quinto Periodo de Sesiones Grupo Abierto de Trabajo A/HRC/8/7, párrafo 101, 179 y 239, 6 de mayo de 2008, publicación oficial.

[145] Protocolo Facultativo del Pacto Internacional de los Derechos Económicos, Sociales y Culturales, articulo 12, 10 de diciembre de 2008, publicación oficial.

[146] Protocolo Facultativo de la Convención sobre la Eliminación de Formas de Discriminación contra la Mujer, articulo 9 núm. 1 y 2, 6 de octubre de 1999, publicación oficial.

Convención contra la Tortura[147] solo se hace referencia a la posibilidad de incluir en el informe anual los resultados de la investigación, en tanto que en este instrumento no se menciona plazo para que el Estado responda al Comité, sobre las recomendaciones u observaciones resultado de un proceso de investigación.

3.13 Medidas de Protección.

Una de las garantías que adquirió gran importancia en el Protocolo Facultativo del PIDESC, es la referente al deber que tienen los Estados de asegurar que los autores de las comunicaciones no sean intimidados u objeto de malos tratos[148].

Este deber goza de gran preponderancia en el sistema de las Naciones Unidas, ya que desde 1990 la Comisión de Derechos Humanos basada en el informe E/CN.4/1994/52[149], en el que se aborda la problemática referente a las intimidaciones y represalias por parte de los Estados, a las personas que acuden al sistema de Naciones Unidas, decide mediante la resolución 1994/70[150] solicitar a los órganos del sistema, la adopción de las medidas necesarias para que no sea obstaculizado el acceso de las personas a los procedimientos que protegen los derechos humanos.

[147]Convención contra la Tortura y otros Tratos o Penas Crueles, Inhumanos o Degradantes, articulo 20, 10 diciembre de 1984, publicación oficial.

[148] Protocolo Facultativo del Pacto Internacional de los Derechos Económicos, Sociales y Culturales, articulo 13, 10 de diciembre de 2008, publicación oficial.

[149] Cuestión de la violación de los Derechos Humanos y las Libertades Fundamentales en cualquier parte del mundo y en particular en los países y territorios coloniales y dependientes. E/CN.4/1994/52, 2 de febrero de 1994, publicación oficial.

[150] Comisión de Derechos Humanos Resolución 1994/70, articulo 1, 9 de marzo 1994, publicación oficial.

Por su parte otros instrumentos como el reglamento del Comité para la Eliminación de Discriminación contra la Mujer[151], se protege a las personas que acceden al sistema y las victimas de la presunta trasgresión de sus derechos mediante la protección de sus identidades, de igual forma en esta esfera se garantiza la protección de las personas que se hallan bajo la jurisdicción de un Estado parte, contra la intimidación y los malos tratos derivados de la realización de una comunicación[152].

3.14 Cooperación y Asistencia Internacional.

Uno de los puntos del Protocolo Facultativo del PIDESC que genero mayor controversia durante su elaboración, fue el referente a la asistencia y cooperación internacional[153], este articulo dispone la posibilidad que tiene el Comité con la aceptación del Estado parte, para informar a los organismos, fondos y programas especiales los sucesos en que como consecuencia de un procedimiento de comunicaciones o investigación, un Estado requiera cooperación y asistencia técnica.

Para esto se estableció un fondo fiduciario regulado acorde con el sistema de las Naciones Unidas, para aumentar la capacidad de los Estados respecto de la realización de los DESC.

La cooperación internacional juega un papel determinante respecto de la realización de los DESC, su importancia ha sido reconocida en la Declaración del Milenio[154], el Consenso de

---

[151]Reglamento del Comité para la Eliminación de Discriminación contra la Mujer, artículos 74 núm. 4 y 5, 20 abril de 2001, publicación oficial.

[152] Protocolo Facultativo de la Convención sobre la Eliminación de Formas de Discriminación contra la Mujer, articulo 11, 6 de octubre de 1999, publicación oficial.

[153] Protocolo Facultativo del Pacto Internacional de los Derechos Económicos, Sociales y Culturales, articulo 14, 10 de diciembre de 2008, publicación oficial.

[154] Declaración del Milenio, A/RES/55/2, párrafo 4 y 26, 13 de septiembre de 2000, publicación oficial.

Monterrey[155] y en el documento de la Cumbre Mundial sobre el Desarrollo Sostenible[156], en estos documentos se resalta la preponderancia que tiene para estos derechos la asistencia a grupos vulnerables y países en desarrollo, ya que como consecuencia de la brecha que separa a los países desarrollados de los países en de desarrollo se hace indispensable esta cooperación, por ello en la Resolución 60/1[157], se celebra el compromiso adquirido por varios Estados desarrollados de destinar un porcentaje de su producto interno bruto para la ayuda oficial.

En el PIDESC varias de sus disposiciones hacen referencia a la cooperación y asistencia internacional, como uno de los mecanismos necesarios para la realización de estos derechos, en primer lugar se establece para los Estados partes el deber de adoptar medidas por separado y de manera conjunta para el logro progresivo de lo dispuesto en el Pacto[158], en el Pacto se enumeran algunos ejemplos de cooperación internacional, como la realización de convenciones, aprobación de recomendaciones, asistencia técnica, reuniones regionales y técnicas entre otros[159].

---

[155] Consenso de Monterey, A/CONF.198/3, párrafo 64, 67, 69, 1 marzo de 2002, publicación oficial.

[156] Comisión sobre el Desarrollo Sostenible constituida en comité preparatorio de la Cumbre Mundial sobre el Desarrollo Sostenible Cuarto período de sesiones A/Conf.199/PC/L.1/Rev.1 párrafo 4, 17 Inc. Q, 35 Inc. m, 37, 38 Inc. a, 40 Inc. f, 15 abril de 2002, publicación oficial.

[157] General Assembly Resolution 60/1, párrafo 23 Inc. b, 16 Septiembre 2005, publicación oficial.

[158] Pacto Internacional de los Derechos Económicos, Sociales y Culturales. Art. 2 Inc. 1, 16 de diciembre de 1966, publicación oficial.

[159] Ibídem Art. 23

Por su parte el Comité de DESC en la Observación General N°2[160], al tratar el tema referente a la asistencia técnica enuncia algunos de los organismos pertinentes para la prestación de este soporte, además de esto señala la necesidad de que estos se integren mediante un dialogo abierto con el Comité y los Estados, con la intención de que mediante el trabajo conjunto entre los diferentes actores se logre la realización de las disposiciones del Pacto.

Finalmente se señala que estas medidas pueden consistir en que un Estado no adopte medidas sobre otro, que sean contrarias a la realización de los DESC, un ejemplo de ello es el ajuste de la deuda entre Estados.

En la Observación General N°3 del Comité de DESC[161], se precisa la obligación que tienen los Estados de disponer del máximo de sus recursos para la realización de estos derechos, con lo cual se entiende que el máximo de los recursos incluye los recursos propios y los obtenidos en razón de la cooperación y asistencia internacional, en tanto que la obligación de asistencia técnica, involucra a todos los Estados, en especial aquellos que tienen la posibilidad de ayudar a los otros.

Durante el quinto periodo de sesiones del grupo abierto, varios Estados expresaron su preocupación respecto de esta medida, motivo por el cual propusieron que las contribuciones fueran voluntarias[162], como acontece en el marco de la Convención Contra la Tortura[163].

---

[160]Comité de Derechos Económicos Sociales y Culturales, Observación General N°2 Párrafo 2 y 9, 2 febrero de 1990, publicación oficial.

[161] Comité de Derechos Económicos Sociales y Culturales, Observación General N°3 Párrafo 13 y 14, 14 diciembre de 1990, publicación oficial.

[162] Informe Quinto Periodo de Sesiones Grupo Abierto de Trabajo A/HRC/8/7, párrafo 182, 6 de mayo de 2008, publicación oficial.

Durante este periodo varias delegaciones plantearon la posibilidad de prestar asistencia al Estado y a las víctimas, al respecto algunas delegaciones se opusieron a la prestación de ayuda a las víctimas por tratarse de una obligación del Estado parte, otras delegaciones propusieron ampliar la disposición al extenderla a las presuntas víctimas, así como otras delegaciones plantearon la creación de criterios que permitieran superar dichas dificultades, posteriormente algunas delegaciones se opusieron a la necesidad del consentimiento del Estado para la prestación de asistencia a las víctimas[164].

Respecto de esta disposición es pertinente señalar que para algunas delegaciones como Reino Unido, Francia, Canadá y República Checa, acorde con lo señalado durante el segundo periodo de sesiones del grupo abierto, consideraban la cooperación internacional como un deber estrictamente moral[165], mientras que otras delegaciones reconocían la cooperación internacional como un deber legal, que les despertaba preocupación en razón de la diferencia de recursos y estructuras propias de cada Estado[166].

---

[163]Protocolo Facultativo de la Convención Contra la Tortura y Otros Tratos o Penas, Crueles Inhumanos y Degradantes, articulo 26 Núm. 2, 18 de diciembre de 2002, publicación oficial.

[164]Informe Quinto Periodo de Sesiones Grupo Abierto de Trabajo A/HRC/8/7, párrafos 184 y 192, 6 de mayo de 2008, publicación oficial.

[165] Informe Segundo Periodo de Sesiones Grupo Abierto de Trabajo E/CN.4/2005/52, párrafo 76, 10 de febrero de 2005, publicación oficial.

[166] Informe Tercer Periodo de Sesiones Grupo Abierto de Trabajo E/CN.4/2006/47, párrafo 79, 14 marzo de 2006, publicación oficial.

3.15 Informe Anual.

El Protocolo Facultativo del PIDESC dispone que el Comité incluirá en su informe anual, un resumen de las actividades desarrolladas con ocasión de este instrumento[167], esta disposición se encuentra en el ámbito del Protocolo Facultativo de la Convención sobre la Eliminación de todas las Formas de Discriminación Contra la Mujer[168], el Primer Protocolo Facultativo del Pacto Internacional de Derechos Civiles y Políticos[169], La Convención Contra la Tortura y Otros Tratos o Penas Crueles, Inhumanos o Degradantes[170] y la Convención Internacional sobre la Eliminación de Todas las Formas de Discriminación Racial[171], quedando desprovisto de dicha disposición la Convención Internacional Sobre la Protección de los Derechos de los Trabajadores Migratorios y de sus Familias.

[167]Protocolo Facultativo del Pacto Internacional de los Derechos Económicos, Sociales y Culturales, articulo 15, 10 diciembre de 2008, publicación oficial.

[168] Protocolo Facultativo de la Convención sobre la Eliminación de Formas de Discriminación contra la Mujer, articulo 12, 6 de octubre de 1999, publicación oficial.

[169]Protocolo Facultativo del Pacto Internacional de Derechos Civiles y Políticos. articulo. 6, 23 marzo de 1976, publicación oficial.

[170] Convención contra la Tortura y otros Tratos o Penas Crueles, Inhumanos o Degradantes, articulo 24, 10 diciembre de 1984, publicación oficial.

[171] Convención Internacional Contra todas las Formas de Discriminación Racial, articulo 14 Núm. 8, 21 de diciembre de 1965, publicación oficial.

3.16 Divulgación e información.

El Protocolo Facultativo del PIDESC consagra el compromiso de los Estados de divulgar el Protocolo y el Pacto [172], facilitando la información referente a los dictámenes y recomendaciones del Comité, esta información debe ser facilitada en formatos que le permitan acceder a las personas con discapacidad.

Una disposición semejante fue plasmada en el Protocolo Facultativo de la Convención sobre la Eliminación de todas las Formas de Discriminación Contra la Mujer[173], solo que en esta no se hace salvedad respecto de que los formatos de la información deben ser accesibles a las personas con discapacidad.

3.17 Firma, Ratificación Y Adhesión.

Respecto de la firma, ratificación y adhesión del Protocolo Facultativo del PIDESC, este dispone que solo podrán adherirse a este instrumento los Estados partes del Pacto, dicha adhesión se perfeccionara mediante el depósito del instrumento al Secretario General de Naciones Unidas[174].

---

[172] Protocolo Facultativo del Pacto Internacional de los Derechos Económicos, Sociales y Culturales, articulo 16, 10 de diciembre de 2008, publicación oficial.

[173]Protocolo Facultativo de la Convención sobre la Eliminación de Formas de Discriminación contra la Mujer, articulo 13, 6 de octubre de 1999, publicación oficial.

[174] Protocolo Facultativo del Pacto Internacional de los Derechos Económicos, Sociales y Culturales, articulo 17, 10 de diciembre de 2008, publicación oficial.

En el sistema de Naciones Unidas el requisito de la adherencia previa a un Pacto, es propio de los protocolos facultativos en tanto que estos son accesorios, por el hecho de consistir en reformas sustanciales o procesales de un pacto, es por ello que este requisito solo se encuentra en el Protocolo Facultativo de la Convención sobre la Eliminación de todas las Formas de Discriminación Contra la Mujer[175] y en el Primer Protocolo Facultativo del Pacto Internacional de Derechos Civiles y Políticos[176].

3.18 Entrada en Vigor.

Con relación a la entrada en vigor del Protocolo Facultativo del PIDESC, este dispone que tendrá vigencia tres meses después de depositado el décimo instrumento de ratificación o adhesión del instrumento, para los Estados que ratifiquen o se adhieran a este instrumento con posterioridad, entrara en vigencia después de tres meses de haber depositado el instrumento[177].

En el sistema de Naciones Unidas la regla general son diez instrumentos de ratificación depositados en la Secretaria General de las Naciones Unidas, con excepción de Convención Contra la Tortura y Otros Tratos o Penas Crueles, Inhumanos o Degradantes[178], en el que

---

[175] Protocolo Facultativo de la Convención sobre la Eliminación de Formas de Discriminación contra la Mujer, articulo 15.1, 6 de octubre de 1999, publicación oficial.

[176] Protocolo Facultativo del Pacto Internacional de Derechos Civiles y Políticos, articulo 8.1, 23 marzo de 1976, publicación oficial.

[177] Protocolo Facultativo del Pacto Internacional de los Derechos Económicos, Sociales y Culturales, articulo 18, 10 de diciembre de 2008, publicación oficial.

[178] Convención contra la Tortura y otros Tratos o Penas Crueles, Inhumanos o Degradantes, articulo 22.8, 10 diciembre de 1984, publicación oficial.

se dispone que el instrumento entra en vigor, después de que cinco Estados reconozcan la competencia del Comité respecto de los procedimientos consagrados en este instrumento.

Con relación al término referente a los tres meses, este es común entre el Protocolo Facultativo de la Convención sobre la Eliminación de todas las Formas de Discriminación Contra la Mujer[179] y el Primer Protocolo Facultativo del Pacto Internacional de Derechos Civiles y Políticos[180], ya que la Convención Contra la Tortura y Otros Tratos o Penas Crueles, Inhumanos o Degradantes[181], la Convención Internacional sobre la Eliminación de Todas las Formas de Discriminación Racial [182] y la Convención Internacional Sobre la Protección de los Derechos de los Trabajadores Migratorios y de sus Familias[183], disponen como única condición para la entrada en vigencia del instrumento un numero determinado de instrumentos de ratificación.

Durante la elaboración del Protocolo Facultativo del PIDESC, algunas delegaciones propusieron el depósito de veinte instrumentos de ratificación en la secretaria para que

---

[179]Protocolo Facultativo de la Convención sobre la Eliminación de Formas de Discriminación contra la Mujer, articulo 16.1, 6 de octubre de 1999, publicación oficial.

[180] Protocolo Facultativo del Pacto Internacional de Derechos Civiles y Políticos. artículo 9.1, 23 marzo de 1976, publicación oficial.

[181] Convención contra la Tortura y otros Tratos o Penas Crueles, Inhumanos o Degradantes, articulo 22.8, 10 diciembre de 1984, publicación oficial.

[182] Convención Internacional Contra todas las Formas de Discriminación Racial, articulo 14 Núm. 14, 21 de diciembre de 1965, publicación oficial.

[183] Convención Internacional sobre la Protección de los Derechos de Todos los Trabajadores Migratorios y sus Familias articulo 77 Núm. 8, 18 de diciembre de 1990, publicación oficial.

este entrara en vigencia[184], lo cual hubiera resultado abiertamente desproporcional con relación a los demás instrumentos existentes, por su parte otras delegaciones señalaron que los instrumentos referentes a procedimiento, requerían menos ratificaciones o adhesiones para entrar en vigencia y así mantener la semejanza con instrumentos homólogos[185].

3.19 Enmiendas

En el tema referente a las enmiendas, el Protocolo Facultativo del PIDESC[186] dispone que todos los Estados parte del instrumento tienen derecho a proponerlas ante la Secretaria General, después de esto el secretario informara a los Estados parte la propuesta y les recomendará una reunión para tratar la cuestión, si en un término de 4 meses una tercera parte de los Estados se manifiesta a favor de la reunión esta se realizara, en el suceso en que durante la misma dos terceras partes de los Estados presentes y votantes se manifiesta a favor de la enmienda, esta será sometida a la aprobación de la asamblea general y con posterioridad de los Estados parte.

La enmienda entrara en vigor el trigésimo día después de que sean depositados instrumentos de ratificación, equivalentes a dos terceras partes de los Estados vinculados al momento de aceptación de la enmienda, para los Estados que la ratifiquen o se adhieran con posterioridad, la enmienda entrara en vigor el trigésimo día después de que cada Estado

[184] Informe Quinto Periodo de Sesiones Grupo Abierto de Trabajo A/HRC/8/7, párrafo 128, 6 de mayo de 2008, publicación oficial.

[185]Informe Cuarto Periodo de Sesiones Grupo Abierto de Trabajo A/HRC/6/8, párrafo 137, 30 agosto de 2007, publicación oficial.

[186] Protocolo Facultativo del Pacto Internacional de los Derechos Económicos, Sociales y Culturales, articulo 19, 10 de diciembre de 2008, publicación oficial.

deposite el instrumento de ratificación, es pertinente señalar que las enmiendas son vinculantes únicamente para los Estados que se adhieran o la ratifiquen.

En el sistema de Naciones Unidas el Protocolo Facultativo del PIDESC, la Convención Contra la Tortura y Otros Tratos o Penas Crueles, Inhumanos o Degradantes[187] y la Convención Internacional Sobre la Protección de los Derechos de los Trabajadores Migratorios y de sus Familias[188], son los únicos instrumentos que fijan un plazo de cuatro meses, para que una tercera parte Estados se manifiesta a favor de la reunión para tratar la cuestión de la enmienda.

Por otra parte el Protocolo Facultativo del PIDESC, es el único instrumento en el sistema de Naciones Unidas que dispone que para la aceptación de una enmienda, esta debe ser aprobada por dos terceras partes de los Estados presentes y votantes durante la reunión, en tanto que en los demás instrumentos se dispone que la enmienda debe ser aprobada por la mayoría de los Estados presentes y votantes[189].

---

[187] Convención contra la Tortura y otros Tratos o Penas Crueles, Inhumanos o Degradantes, articulo 29.1, 10 diciembre de 1984, publicación oficial.

[188] Convención Internacional sobre la Protección de los Derechos de Todos los Trabajadores Migratorios y sus Familias articulo 90, 18 de diciembre de 1990, publicación oficial.

[189]* Primer Protocolo Facultativo del Pacto Internacional de Derechos Civiles y Políticos. artículo 11, 23 marzo de 1976, publicación oficial.

*Convención contra la Tortura y otros Tratos o Penas Crueles, Inhumanos o Degradantes, articulo 29.1, 10 diciembre de 1984, publicación oficial.

* Convención Internacional sobre la Protección de los Derechos de Todos los Trabajadores Migratorios y sus Familias articulo 90, 18 de diciembre de 1990, publicación oficial.

* Protocolo Facultativo de la Convención sobre la Eliminación de Formas de Discriminación contra la Mujer, articulo 18.1, 6 de octubre de 1999, publicación oficial.

Paralelamente es pertinente señalar que la Convención Internacional Sobre la Protección de los Derechos de los Trabajadores Migratorios y de sus Familias, es la única que dispone un límite de tiempo de cinco años de vigencia del instrumento, para posibilitar la presentación de enmiendas[190].

3.20 Denuncia.

El Protocolo Facultativo del PIDESC dispone que todo Estado podrá denunciar al instrumento en cualquier momento, ante el Secretario General de las Naciones Unidas, esta manifestación de voluntad tendrá efectos seis meses después de depositado el instrumento, sin perjuicio de los procesos de comunicaciones iniciados con anterioridad[191].

Lo dispuesto en el presente protocolo en materia de denuncias y de la notificación del secretario general[192], es la regla general en el sistema de las Naciones Unidas[193].

---

[190] Convención Internacional sobre la Protección de los Derechos de Todos los Trabajadores Migratorios y sus Familias articulo 90, 18 de diciembre de 1990, publicación oficial.

[191] Protocolo Facultativo del Pacto Internacional de los Derechos Económicos, Sociales y Culturales, articulo 20, 10 de diciembre de 2008, publicación oficial.

[192] Ibídem, articulo 21.

[193]* Protocolo Facultativo del Pacto Internacional de Derechos Civiles y Políticos. artículos 12.1, 12.2 y 13, 23 marzo de 1976, publicación oficial.

*Convención contra la Tortura y otros Tratos o Penas Crueles, Inhumanos o Degradantes, articulo 22.8, 10 diciembre de 1984, publicación oficial.

* Convención Internacional sobre la Protección de los Derechos de Todos los Trabajadores Migratorios y sus Familias articulo 77 Núm. 8, 18 de diciembre de 1990, publicación oficial.

* Protocolo Facultativo de la Convención sobre la Eliminación de Formas de Discriminación contra la Mujer, articulo 19.1, 19.2 y 20, 6 de octubre de 1999, publicación oficial.

3.21 Reservas.

Finalmente respecto del contenido del Protocolo Facultativo del PIDESC, es necesario señalar que en este instrumento no se hace referencia a las reservas, razón por la cual se entiende que están permitidas.

El tratamiento dado a este tema es diferente en el Protocolo Facultativo de la Convención sobre la Eliminación de Formas de Discriminación contra la Mujer[194], en el que se niega expresamente la posibilidad de presentar reservas respecto de este instrumento.

Durante la elaboración del Protocolo Facultativo del PIDESC varias delegaciones propusieron, la inclusión de una disposición mediante la cual expresamente se negara la posibilidad de presentar reservas respecto del instrumento[195], otras delegaciones y participes de los debates del grupo abierto de trabajo, manifestaron que las reservas a un instrumento de procedimiento las consideraban incompatibles con el objeto y propósito del mismo, motivo por la cual instrumento similares negociados recientemente incluían una clausula de prohibición expresa de las reservas[196].

---

* Convención Internacional Contra todas las Formas de Discriminación Racial, articulo 14 Núm. 3 y 24, 21 de diciembre de 1965, publicación oficial.

194 Protocolo Facultativo de la Convención sobre la Eliminación de Formas de Discriminación contra la Mujer, articulo 17, 6 de octubre de 1999, publicación oficial.

195 Informe Segundo Periodo de Sesiones Grupo Abierto de Trabajo E/CN.4/2005/52, párrafo 90, 10 de febrero de 2005, publicación oficial.

196 Informe Cuarto Periodo de Sesiones Grupo Abierto de Trabajo A/HRC/6/8, párrafos 137 y 142, 30 agosto de 2007, publicación oficial.

Las posturas planteadas por los partícipes de los debates del grupo abierto, resultan congruentes con lo dispuesto en la Convención de Viena Sobre el Derecho de los Tratados[197] y el Programa y Plan de Acción de Viena[198], razón por la cual en el suceso de realizar una reserva contraria al propósito y objeto del instrumento, no solo se restaría eficacia a lo dispuesto en el mismo, sino que paralelamente se estaría contrariando disposiciones internacionales.

Capítulo Cuarto

COMPLEMENTARIEDAD Y COORDINACION DEL PROTOCOLO FACULTATIVO DEL PIDESC CON OTROS INSTRUMENTOS INTERNACIONALES

4.0 Problemática.

Los Derechos Económicos Sociales y Culturales son protegidos por diversos instrumentos, como consecuencia de la indivisibilidad e interdependencia de los Derechos Humanos, razón por cual entidades de los sistemas regionales de protección de derechos humanos y diferentes organismos de las Naciones Unidas como la OIT y la UNESCO, protegen de manera simultánea varios de los DESC[199].

---

[197] Convención de Viena Sobre el Derecho de los Tratados Art 19 Inc. C, 23 mayo de 1969, publicación oficial.

[198]Programa y Plan de Acción de Viena, Parte II Articulo 5, 12 de julio de 1993, publicación oficial.

[199]Documento Analítico Elementos Necesarios para la Elaboración del Protocolo Facultativo del Pacto Internacional de los Derechos Económicos Sociales y Culturales E/CN.4/2006/WG.23/2, párrafo 44, 21 noviembre de 2005, publicación oficial.

La pluralidad de instrumentos podría generar conflicto con el Protocolo Facultativo del PIDESC, como consecuencia de la amplitud y generalidad de los derechos que protege, generando duplicidad de valoración de un mismo caso, decisiones divergentes e interpretaciones antagónicas respecto de un mismo derecho[200], lo cual constituiría una trasgresión a lo dispuesto en el Programa y Plan de Acción de Viena, en el que se consagra la necesidad de evitar la duplicidad y superposición de mandatos entre los diferentes organismos e instrumentos[201].

Como consecuencia de lo anterior, a continuación nos disponemos a examinar de manera general, la forma como diferentes Derechos Económicos Sociales y Culturales, son consagrados y protegidos por diferentes instrumentos y organismo del sistema de las Naciones Unidas y del orden regional.

4.1 SISTEMA NACIONES UNIDAS

4.11 OIT

En el marco de la OIT se protege y garantiza lo consagrado en los Convenios de esta entidad, entre las Convenios que contiene disposiciones de mayor importancia y relevancia en este marco, encontramos los Principios Fundamentales del Trabajo, entre los que se encuentra la libertad de asociación sindical, la eliminación de todas las formas de trabajos

---

[200] Comisión de Derechos Humanos 58° Periodo de Sesiones, Informe del Experto Independiente E/CN.4/2002/57, párrafo 28 y 37, 12 de febrero de 2002, publicación oficial.

[201] Programa y Plan de Acción de Viena, Parte I Operativa Articulo 88, 12 de julio de 1993, publicación oficial.

forzosos, la abolición del trabajo infantil y la eliminación de todas las formas de discriminación laboral[202].

Para la protección y garantía de estos Principios y de los Convenios, se han creado procedimientos como la presentación de informes[203], reclamaciones a sujetos plurales determinados[204], comunicaciones entre Estados[205] y las supervisiones regulares[206].

Respecto de la duplicidad en la valoración de casos, el representante de la OIT manifestó que en este organismo no se podían resolver cuestiones, que estuvieran previamente sustanciadas y las que se podrían presentar ante otro organismo [207], supuestos que constituyen requisitos de admisibilidad que disminuyen el riesgo de duplicidad entre los diferentes instrumentos,

4.1.2 UNESCO

La UNESCO esta posibilitada para resolver cuestiones referentes a la educación, ciencia, cultura e información, las cuales implican de manera directa la protección de derechos como la educación, participación en procesos científicos, tomar parte en la vida cultural, recibo, manejo y remisión de información por cualquier medio, opinión y expresión, por

---

[202]Declaración de la OIT Relativa a los Principios y Derechos Fundamentales en el Trabajo, articulo 2, 18 junio de 1998, publicación oficial.

[203] Documento Constitución OIT, Art. 22, 1919, publicación oficial.

[204] Ibídem Art. 24.

[205] Ibídem Art. 26.

[206] Ibídem Art. 34.

[207]Informe Tercer Periodo de Sesiones Grupo Abierto de Trabajo E/CN.4/2006/47, párrafo 111, 14 marzo de 2006, publicación oficial.

conexidad está entidad puede tratar cuestiones referentes a derechos como la libertad de reunión, propiedad intelectual e industrial, libertad de pensamiento, conciencia y culto, derechos que son tutelados simultáneamente en otros instrumentos[208].

4.1.3 Otros Instrumentos.

Entre los procedimientos que se pueden adelantar ante este organismo para la protección de esto derechos se encuentra el referente a comunicaciones[209], mediante el cual se busca la solución amistosa de las controversias por tratarse de un órgano que no tiene carácter judicial o cuasi judicial, este mecanismo puede ser utilizado por las victimas o por personas que tengan un conocimiento fidedigno de la trasgresión de estos derechos[210].

En este sistema ha habido casos en los cuales Estados no vinculados a la UNESCO, deciden aceptar que una comunicación que los afecta sea valorada por el Comité[211].

Respecto a la posibilidad de incongruencias y antinomias entre los diferentes instrumentos en la interpretación de los derechos, el representante de la UNESCO afirmo que la creación del Protocolo Facultativo del PIDESC complementa los instrumentos existentes, reforzando la garantía y protección de los DESC[212].

---

208 Informe Secretario General 61° Periodo de Sesiones E/CN.4/2005/WG.23/2. párrafo 69, 22 noviembre de 2004, publicación oficial.

209 Junta Ejecutiva de la UNESCO Decisión 104 EX/3.3, párr. 14, 30 septiembre 2008, publicación oficial.

210 Ibídem Párrafo 14, apartado a, inciso II.

211 Cuestiones Relativas a los Métodos de Trabajo del Comité de Convenciones y Recomendaciones. Documento 146 EX/7, párrafo 50, 24 febrero de 1995, publicación oficial.

212 Informe Segundo Periodo de Sesiones Grupo Abierto de Trabajo E/CN.4/2005/52, párrafo 29, 10 de febrero de 2005, publicación oficial.

Finalmente es pertinente señalar que en el sistema de Naciones Unidas existen convenciones que protegen de manera particular grupos específicos de personas, como la Convención Internacional sobre la Eliminación de todas las Formas de Discriminación Racial, Convención sobre la eliminación de todas las formas de discriminación contra la mujer y la Convención Internacional Sobre la Protección de los Derechos de los Trabajadores Migratorios y de sus Familias, como consecuencia de la especificación en las calidades de los sujetos que pueden acudir a estos instrumentos, se restringe la posibilidad de colisión y superposición de los instrumentos.

4.2 SISTEMAS REGIONALES

4.2.1 Sistema Europeo

En la Carta Social Europea Revisada están consagrados varios DESC, como el derecho a un trabajo digno[213], asociación sindical[214], la salud[215], la seguridad social[216], protección contra la pobreza[217] y la vivienda[218], estos derechos son entendidos como objetivos que se deben realizar. Para la garantía y promoción de estos derechos en el sistema europeo, existen mecanismos como la presentación de informes sobre las medidas aceptadas por cada

[213] Carta Social Europea (Revisada) Parte I, Art 2, 3, 4 y 26, 3 mayo de 1996, publicación oficial.

[214] Ibídem Art. 5.

[215] Ibídem Art. 11

[216] Ibídem Art. 12.

[217] Ibídem Art. 30

[218] Ibídem Art. 31

Estado[219] y la formulación de reclamaciones colectivas por sujetos determinados[220], en este sistema se dispone de un plazo corto y con una inmediatez particular para la adopción de las medidas dictaminadas por el Tribunal Europeo de Derechos Humanos[221].

Respecto de la posibilidad de colisión entre los diferentes instrumentos de protección de los Derechos Humanos, el Sr. Kristensen Secretario Ejecutivo Adjunto del Comité de Expertos Independientes (del Comité Europeo de Derechos Sociales), señalo que esta era una posibilidad que en teoría se podría materializar[222].

Con relación a este sistema es importante señalar que la creación del Protocolo Facultativo del PIDESC, puede significar la unificación de las voluntades europeas respecto de un instrumento para la protección de los DESC, en tanto que con anterioridad la falta de consenso en el Consejo de Europa, impidió crear en el sistema europeo un protocolo adicional referente a la protección de estos derechos[223].

---

[219] Ibídem Art. 21

[220] Protocolo Adicional a la Carta Social Europea Que Prevé Un Sistema de Reclamaciones Colectivas Art. 1, 22 junio de 1995, publicación oficial.

[221] Comisión de Derechos Humanos 59° Periodo de Sesiones, Segundo Informe del Experto Independiente E/CN.4/2003/53, párrafo 38, 13 enero de 2003, publicación oficial.

[222] Informe Segundo Periodo de Sesiones Grupo Abierto de Trabajo E/CN.4/2005/52, párrafo 53, 10 de febrero de 2005, publicación oficial.

[223] Ibídem. Párrafo 105.

4.2.2 Sistema Africano

En el sistema africano algunos Derechos Económicos Sociales y Culturales como el derecho trabajo en condiciones justas[224], la salud [225]y la educación[226], están consagrados en la Carta Africana de Derechos Humanos, para la protección de estos derechos en la Carta se han consagrado procedimientos como las comunicaciones entre Estados[227], otras comunicaciones[228] y la adopción de medidas provisionales[229].

Respecto de la coordinación entre los diferentes sistemas el Sr. E. V. O. Dankwa, representante de la Comisión Africana de Derechos Humanos y de los Pueblos, durante el segundo periodo de sesiones del grupo abierto de trabajo manifestó, que ante una posible colisión entre los diferentes instrumentos para la protección de los Derechos Humanos, la Comisión Africana podía no asumir la jurisdicción sobre un caso, para que la cuestión fuera resuelta por un organismo internacional[230].

---

[224] Carta Africana de Derechos Humanos, Art 15, 16 y 17, 27 julio de 1981, publicación oficial.

[225] Ibídem Art. 16.

[226] Ibídem Art. 17

[227] Ibídem Art. 47.

[228] Ibídem Art. 55.

[229] Ibídem Art. 53.

[230] Informe Segundo Periodo de Sesiones Grupo Abierto de Trabajo E/CN.4/2005/52, párrafo 49, 10 de febrero de 2005, publicación oficial.

4.2.3 Sistema Interamericano

En el sistema interamericano de derechos humanos, la Corte Interamericana y la Comisión Interamericana son los órganos principales para la vigilancia y control de los convenios regionales de Derechos Humanos.

En este sistema los DESC se encuentran en varios instrumentos como la Convención Americana sobre Derechos Humanos[231], instrumento con el cual es posible solicitar de manera directa o indirecta la protección de los DESC, la Carta de la Organización de los Estados Americanos[232] y la Declaración Americana de los Derechos y Deberes del Hombre[233].

En este sistema existen mecanismos para la promoción de los derechos humanos, como la realización de conferencias temáticas, visitas, presentación de informes periódicos, la interpretación de la Corte Interamericana de Derechos Humanos sobre la compatibilidad de las legislaciones naciones con relación a las obligaciones internacionales y medidas provisionales ante la posibilidad de daños irreparables[234].

---

[231] Convención Americana de Derechos Humanos. Capítulo III artículo 26, 22 noviembre de 1989, publicación oficial.

[232] Carta de la Organización de los Estados Americanos. Capítulo VII, articulo 34, 10 junio de 1993, publicación oficial.

[233] Declaración Americana de los Derechos y Deberes del Hombre, articulo 11, 12, 13, 14 y 16, 1948, publicación oficial.

[234] Informe Tercer Periodo de Sesiones Grupo Abierto de Trabajo E/CN.4/2006/47, párrafo 101, 14 marzo de 2006, publicación oficial.

El Protocolo de San Salvador permite la presentación de comunicaciones individuales, acorde con la Convención Americana de Derechos Humanos, cuando por un acto imputable directamente a un Estado se trasgredan derechos como la educación, la creación de sindicatos y la asociación a estos[235].

A pesar de la diversidad de procedimientos para la protección de los Derechos Humanos en este sistema regional, hasta el presente los DESC nunca se han protegido de manera directa, en tanto que la Corte Interamericana los ha tutelado como consecuencia de su estrecha relación con los Derechos Civiles y Políticos[236].

Con relación a la coordinación con otros instrumentos internacionales, la Sra. Emilia Segares representante de la Corte Interamericana de Derechos Humanos, afirmo que la creación de un Protocolo Facultativo del PIDESC, complementaria los mecanismos existentes en el sistema interamericano, derivando efecto positivos con relación a la protección de los DESC[237].

Una vez examinados de manera general los diferentes sistemas en que son protegidos los DESC, concluimos que estos derechos están protegidos en diferentes instrumentos y esferas como consecuencia de la interdependencia de los Derechos Humanos[238], este

---

[235]Protocolo de San Salvador Art. 19 Núm. 6, 17 noviembre de 1988, publicación oficial.

[236]Informe Tercer Periodo de Sesiones Grupo Abierto de Trabajo E/CN.4/2006/47, párrafos 101 y 102, 14 marzo de 2006, publicación oficial.

[237] Ibídem.

[238] Informe Segundo Periodo de Sesiones Grupo Abierto de Trabajo E/CN.4/2005/52, párrafo 107, 10 de febrero de 2005, publicación oficial.

fenómeno debe armonizarse mediante la coordinación y complementariedad entre los diferentes instrumentos, para así evitar la duplicación, acorde con lo estipulado en el Programa y Plan de Acción de Viena[239].

Por su parte varios actores de los debates que tuvieron lugar para la creación del Protocolo Facultativo del PIDESC, coincidieron en afirmar que el riesgo de duplicación de procedimientos se reduce con la definición de criterios claros de admisibilidad (como la inclusión de una disposición expresa que prohíba la duplicidad)[240], la cooperación y el dialogo periódico entre los diferentes organismos[241].

Algunos expertos señalaron que la Secretaria General de las Naciones Unidas, por ocupar una posición central al recibir las comunicaciones, podría colaborar a menguar la posibilidad de duplicidad, de igual forma señalaron la posibilidad de que el Comité solicitara informes *amicus curiae* a otros organismos para unificar la interpretación de los derechos[242].

Finalmente podemos concluir que a pesar de la pluralidad de instrumentos que protegen los DESC no se ha logrado la garantía total de los mismos, como consecuencia de que los

---

[239]Programa y Plan de Acción de Viena, Parte Operativa I artículo 88, 12 de julio de 1993, publicación oficial

[240]Informe Tercer Periodo de Sesiones Grupo Abierto de Trabajo E/CN.4/2006/47, párrafos 110 y 111, 14 marzo de 2006, publicación oficial.

[241] Documento Analítico Elementos Necesarios para la Elaboración del Protocolo Facultativo del Pacto Internacional de los Derechos Económicos Sociales y Culturales E/CN.4/2006/WG.23/2, párrafo 47, 21 noviembre de 2005, publicación oficial.

[242] Informe Segundo Periodo de Sesiones Grupo Abierto de Trabajo E/CN.4/2005/52, párrafo 40, 10 de febrero de 2005, publicación oficial.

instrumentos existentes excluyen varios DESC, supuestos de hecho y sujetos que deben ser protegidos y garantizados para la realización efectiva del ideal de ser humano[243]. Por otro lado es necesario tener en cuenta que los instrumento existentes no proporcionan a la victima una reparación tan integra, como la podría obtener con el procedimiento de comunicaciones consagrado en el Protocolo Facultativo del PIDESC[244].

---

[243] Ibídem. Párrafo 45 y 46

[244]Informe Tercer Periodo de Sesiones Grupo Abierto de Trabajo E/CN.4/2006/47, párrafo 108, 14 marzo de 2006, publicación oficial.

Conclusiones

Para dar cumplimiento al propósito de este trabajo vamos a valorar al Protocolo Facultativo con relación a los Principios Integradores del Sistema de Derechos Humanos.

Acorde con el Principio de Universalidad en su primera acepción, el Protocolo Facultativo del PIDESC no realiza ninguna discriminación con relación a los titulares de los DESC, con relación a la segunda acepción referente a los sujetos que deben garantizar estos derechos, observamos que este Protocolo Facultativo como consecuencia de su naturaleza, mantiene concordancia con la manera como se han manejado los Protocolos Facultativos en el sistema de las Naciones Unidas.[245]

Respecto de la tercera acepción de universalidad correspondiente a la ratificación universal, observamos que las reservas en el Protocolo constituyen un incentivo para que un mayor número de Estados se adhieran o ratifiquen este instrumento[246], mientras que desde la óptica del principio de indivisibilidad, las reservas implican un trato diferenciado injustificado a los DESC con relación a los Derechos Humanos[247].

Las reservas tienen diferente valoración dependiendo desde el principio en que sean abordadas, generando de esta manera una antinomia de principios[248] en el Sistema de Naciones Unidas, en este ordenamiento no existe un criterio que nos permita resolver este antagonismo, como consecuencia de esto la coherencia de este sistema se ve afectada, impidiéndonos emitir una valoración definitiva respecto de las reservas; aunque observando

[245] Ver páginas 71 y 72 del presente trabajo.
[246] Ibídem. Ver páginas 32 y 33.
[247]Ibídem. Ver página 76.
[248] Norberto Bobbio. *Teoría General del Derecho* 190 (Segunda Edición. Editorial Temis S.A. Bogotá Colombia, 2002.).

las reservas desde un enfoque teleológico, la universalidad operativa de un instrumento ineficaz, no representa un avance para el logro del propósito y objeto con el que fue creado.

Antes de continuar con el examen del Principio de Indivisibilidad, es pertinente señalar que los instrumentos desarrollados para la protección de los diferentes grupos de derechos, no tienen necesariamente que constituir equivalentes, ya que esto significaría desconocer las diferencias existentes entre los grupos de derechos y el tratamiento especial que se le debe dar a cada uno de ellos[249].

En primer momento podemos señalar que como consecuencia de la materialización del Principio de Indivisibilidad, los DESC se encuentran protegidos en diferentes instrumentos internacionales, los cuales son complementarios para la protección de estos derechos, permitiendo así la tutela de estos derechos en diferentes sistemas; frente a esta situación el Protocolo Facultativo del PIDESC resuelve el problema de superposición o duplicidad de los instrumentos, mediante la inclusión de una clausula expresa que prohíbe el examen simultaneo de diferentes organismos de una misma cuestión[250].

Continuando con el examen del Principio de Indivisibilidad, observamos que con algunas disposiciones del Protocolo Facultativo del PIDESC, se ha dado un trato diferenciado a los DESC en lo referente a su protección y garantía, sin que dicho trato sea derivado de la

[249] Ver página 42 del presente trabajo.
[250] Ibídem. Ver página 47.

aplicación de criterios objetivos, concernientes a las características especiales de cada grupo de derechos[251]

- Respecto a las comunicaciones que pueden ser valoradas por el Comité, el Protocolo Facultativo es el único instrumento internacional que ha posibilitado al Comité para no valorar una comunicación, en los casos en que no se evidencie que el autor se ha encontrado en una situación clara de desventaja.

  Esta disposición impone una carga adicional a los autores de las comunicaciones, al mismo tiempo que crea confusión al aumentar la complejidad del procedimiento, ya que no existen criterios claros para determinar en que cuestiones se esta bajo una situación clara de desventaja, o en que sucesos una comunicación representa una cuestión de vital importancia al interés general[252].

  La consagración de esta disposición no corresponde a las características particulares de los DESC, así como tampoco obedece a la necesidad de evitar superposición o duplicidad entre los diferentes instrumentos que protegen estos derechos, razón por la cual constituye una trasgresión al principio de indivisibilidad, por referirse a un trato diferenciado en la protección de los derechos, que condiciona de manera excesiva el acceso a este procedimiento.

- El Protocolo Facultativo del PIDESC permite tácitamente las reservas, mientras que otros instrumentos análogos las prohíben expresamente; la posibilidad de realizar reservas transgrede el Principio de Indivisibilidad, lo dispuesto en la Declaración y Programa de Acción de Viena y la Convención de Viena sobre el Derecho de los Tratados[253]. En tanto que mediante la realización de reservas se puede vulnerar el objeto y propósito del

[251] Ibídem. Ver página 15.
[252] Ibídem. Ver página 49.
[253] Ibídem. Ver páginas 76 y 77.

instrumento, restándole eficacia al mismo y con ello dejando sin acceso a los procedimientos, a los titulares de los DESC para la protección de sus derechos.

Un ejemplo de las dificultades que puede suscitar la posibilidad de realizar reservas, se evidencia en lo referente al procedimiento de investigación, el cual es de vital importancia para la garantía de estos derechos, por proceder cuando las comunicaciones presentadas no cumplen con los requisitos de admisibilidad, este procedimiento según lo dispuesto en el presente Protocolo puede ser adherido a discreción del Estado Parte, con lo cual la protección de los DESC, cuando no es posible acceder al procedimiento de comunicaciones, depende de la voluntad del Estado parte de adherir este procedimiento[254].

Al respecto es pertinente señalar que el tratamiento dado a este procedimiento en el Protocolo Facultativo del PIDESC, se diferencia del tratamiento dado al mismo procedimiento en instrumentos homólogos, sin que exista un criterio objetivo que pueda justificar dicha diferenciación[255].

- En lo referente a la protección de la identidad del autor de la comunicación, el Protocolo Facultativo del PIDESC no contempla la posibilidad de guardar privacidad sobre la identidad del mismo, esta ausencia en el Protocolo lo diferencia de instrumentos homólogos[256]. Lo anterior representa un trato diferenciado en la protección de los derechos, en tanto que la publicidad de la identidad de los autores de una comunicación, puede constituir un desincentivo para la utilización de este procedimiento, razón por la cual debió incluirse de manera expresa esta disposición.
- En el Protocolo Facultativo del PIDESC en lo referente a el seguimiento de las comunicaciones, no existe como en otros instrumentos, la posibilidad de nombrar a un

[254]Ibídem. Ver página 62.
[255] Ibídem. Ver página 63.
[256] Ibídem. Ver páginas 51 y 52.

relator especial o un grupo abierto de trabajo[257], para la verificación del cumplimiento de las recomendaciones, esta carencia en el Protocolo representa un trato diferenciado en la protección y atención a los DESC, en tanto que este instrumento ha demostrado ser un incentivo para que los Estados adopten con prontitud medidas para la protección y garantía de los derechos.

- La resolución de comunicaciones entre Estados, consagrado en el Protocolo Facultativo del PIDESC, no presta igual atención a la solución amistosa de las controversias como lo hacen instrumentos análogos[258], esta ausencia en el Protocolo Facultativo del PIDESC, representa un gran desincentivo para la utilización de este procedimiento, ya que no brinda las herramientas necesarias para que los Estados disminuyan la prevención que tienen con relación a este instrumento. Como consecuencia de lo anterior con esta disposición, se restringe por omisión la posibilidad de tratar las cuestiones que podrían haberse llevado por conducto de este procedimiento, constituyendo así un trato diferenciado e injustificado en la protección de los DESC.
- Con relación a las enmiendas el Protocolo Facultativo del PIDESC, impone un procedimiento con condiciones más rigurosas que los instrumentos homólogos[259], sin que dichas condiciones obedezcan a las particularidades de los DESC, de tal forma que se configura un trato diferenciado que carece de fundamento.

Podemos concluir que la trasgresión de estas disposiciones al Principio de Indivisibilidad de los Derechos Humanos, resta eficacia en la protección de los DESC, impidiendo de esta

[257] Ibídem. Ver páginas 56 y 57.
[258] Ibídem. Ver páginas 60 y 61.
[259] Ibídem. Ver página 75.

manera la materialización conjunta de los derechos Humanos, que posibilita la realización integra del ideal de ser humano.

Examinando el Protocolo Facultativo del PIDESC en concordancia con el Principio de Interdependencia de los Derechos Humanos, es pertinente señalar que como consecuencia de la estrecha relación entre los diferentes grupos de derechos, es posible que el Comité al examinar una cuestión realice recomendaciones o dictámenes con relación a otras esferas de derechos[260], situación en la cual es conveniente que el Comité trabaje de manera coordinada con los organismo que protegen otros grupos de derechos, para evitar efectos conexos que puedan afectar los Derechos Humanos.

Finalizada la valoración del Protocolo Facultativo del PIDESC acorde con los Principios Integradores del Sistema de Derechos Humanos, podemos concluir que el Protocolo constituye un desarrollo importante, hacia la materialización de los postulados de estos Principios y hacia la realización del ideal del ser humano, pero hay disposiciones que trasgreden el Principio de Indivisibilidad y le restan efectividad a este instrumento, comprometiendo el objeto y propósito del mismo, perpetuando así a los DESC en una clara situación de desventaja con relación a los Derechos Humanos.

Como consecuencia de estas disposiciones pueden existir situaciones en que los DESC se vean seriamente comprometidos y no puedan ser amparados por este instrumento, además que como consecuencia de las cargas adicionales, que imponen varias de las disposiciones para acceder a sus procedimientos, es posible que muchas de las comunicaciones

---

260 Ibídem. Ver página 54.

presentadas sean inadmisibles, dejando en desprotección a los titulares de estos derechos y en desuso este instrumento durante varios años.

A lo anterior hay que adicionarle el hecho que la realización de enmiendas para ampliar las posibilidades de estos procedimientos, requiere supuestos de hecho que muy difícilmente se podrían dar, en el contexto de un mundo globalizado, en el que cada vez se acentúan más los antagonismos entre los diferentes actores que componen el ámbito internacional, dificultando así el consenso necesario para darle la amplitud y eficacia necesaria a este instrumento.

Una muestra de la dificultad enunciada anteriormente, fueron las controversias que tuvieron lugar durante los debates del grupo abierto de trabajo, dado que en el desarrollo de estos, se polarizo el debate entre los Estados en vías de desarrollo y los Estados desarrollados. Por un lado los Estados en vías de desarrollo temían consecuencias negativas derivadas de la escasez de sus recursos para la materialización de los DESC, y por el otro lado los Estados desarrollados temían a su vez que fueran requeridos parte de sus recursos o disminución de sus beneficios para apoyar a los Estados que los necesitaran.

La falta de consenso durante el proceso de elaboración del Protocolo Facultativo, le resto a este instrumento la amplitud y eficacia necesaria para la realización de los DESC y la materialización de los principios integradores del sistema de Derechos Humanos.

En las condiciones actuales mientras persista el trato diferenciado a los DESC y la desprotección de estos derechos ante los cambios que trae consigo la globalización, continuaran acentuándose los abismos y antagonismos entre los diferentes Estados y segmentos de la sociedad, incrementando así las probabilidades de inestabilidad política y social que conducen al conflicto, para menguar esta posibilidad se hace necesario que los actores que configuran este proceso, reconozcan la otra cara de estos cambios y tomen las medidas necesarias, para reintegrar a los Estados y grupos vulnerables, en la creación e implementación de políticas más equitativas, sostenibles y democráticas, que permitan la realización del ideal de ser humano.

Bibliografía:

Tratados y otros acuerdos internacionales:

1. Conferencia Internacional de Derechos Humanos en Teherán, Proclamación de Teherán, 13 de mayo de 1968, publicación oficial.

   http://www.unhchr.ch/huridocda/huridoca.nsf/(Symbol)/A.CONF.157.23.Sp?Opendocument

2. Programa y Plan de Acción de Viena, 12 de julio de 1993, publicación oficial.

   http://www.unhchr.ch/huridocda/huridoca.nsf/(Symbol)/A.CONF.157.23.Sp?Opendocument

3. Declaración del Milenio, A/RES/55/2, 13 de septiembre de 2000, publicación oficial.

   http://www.un.org/spanish/milenio/ares552.pdf

4. Declaración de la OIT Relativa a los Principios y Derechos Fundamentales en el Trabajo, 18 junio de 1998, publicación oficial.

   http://www.ilo.org/public/spanish/standards/relm/ilc/ilc86/com-dtxt.htm

5. Declaración Universal de los Derechos Humanos, 10 de diciembre de 1948, publicación oficial.

   http://www.un.org/es/documents/udhr/

6. Pacto Internacional de los Derechos Económicos, Sociales y Culturales, 16 de diciembre de 1966, publicación oficial.

   http://www.cinu.org.mx/onu/documentos/pidesc.htm

7. Pacto internacional de los Derechos civiles y Políticos, 16 diciembre de 1966, publicación oficial.

   http://daccess-dds-ny.un.org/doc/UNDOC/GEN/G06/118/78/PDF/G0611878.pdf?OpenElement

8. Convención Americana de Derechos Humanos, 22 de noviembre de 1969, publicación oficial.

http://www.hchr.org.co/documentoseinformes/documentos/html/pactos/conv_americana_derechos_humanos.html

9. Convención Internacional Contra todas las Formas de Discriminación Racial, 21 de diciembre de 1965, publicación oficial.

http://www2.ohchr.org/spanish/law/cerd.htm

10. Convención Europea de Derechos Humanos, 4 de noviembre de 1950, publicación oficial.

http://www.hri.org/docs/ECHR50.html

11. Convención contra la Tortura y otros Tratos o Penas Crueles, Inhumanos o Degradantes, 10 diciembre de 1984, publicación oficial.

http://www.cedhslp.org.mx/Documnst/Normatividad/0020.pdf

12. Convención Internacional sobre la Protección de los Derechos de Todos los Trabajadores Migratorios y sus Familias, 18 de diciembre de 1990, publicación oficial.

http://www.acnur.org/biblioteca/pdf/0034.pdf

13. Convención de Viena Sobre el Derecho de los Tratados, 23 mayo de 1969, publicación oficial.

http://www.derechos.org/nizkor/ley/viena.html

14. Protocolo Facultativo del Pacto Internacional de Derechos Civiles y Políticos, 23 de marzo de 1976, publicación oficial.

http://www.acnur.org/biblioteca/pdf/0016.pdf

15. Protocolo Facultativo de la Convención sobre la Eliminación de Formas de Discriminación contra la Mujer, 6 de octubre de 1999, publicación oficial.

http://www2.ohchr.org/spanish/law/cedaw-one.htm

16. Protocolo Facultativo del Pacto Internacional de los Derechos Económicos, Sociales y Culturales, 10 de diciembre de 2008, publicación oficial.

http://www2.ohchr.org/spanish/law/docs/A.RES.63.117_sp.pdf

17. Protocolo Facultativo de la Convención Contra la Tortura y Otros Tratos o Penas, Crueles Inhumanos y Degradantes, 18 de diciembre de 2002, publicación oficial.

http://www.acnur.org/biblioteca/pdf/1966.pdf

18. Reglamento del Comité Contra la Tortura, 13 julio de 1998, publicación oficial.

http://www1.umn.edu/humanrts/cat/spanish/Sprocedure.html

19. Reglamento del Comité para la Eliminación de Discriminación contra la Mujer, artículos, 20 abril de 2001, publicación oficial.

http://www.un.org/womenwatch/daw/cedaw/rules/Spanish.pdf

20. Reglas de Procedimiento del Comité contra la Discriminación Racial. 1 enero de 1989, publicación oficial.

http://www1.umn.edu/humanrts/undocs/cerdrulesofprocedure.html

21. Consenso de Monterey, A/CONF.198/3, 1 marzo de 2002, publicación oficial.

http://www.un.org/spanish/conferences/ffd/ACONF1983.pdf

22. Carta Social Europea (Revisada), 3 mayo de 1996, publicación oficial.

http://conventions.coe.int/Treaty/EN/Treaties/PDF/163-Spanish.pdf

23. Protocolo Adicional a la Carta Social Europea Que Prevé Un Sistema de Reclamaciones Colectivas, 22 junio de 1995, publicación oficial.

http://www.juntadeandalucia.es/empleo/anexos/ccarl/2_267_1.pdf

24. Carta Africana de Derechos Humanos, 27 julio de 1981, publicación oficial.

http://www.acnur.org/biblioteca/pdf/1297.pdf

25. Carta de la Organización de los Estados Americanos, 10 junio de 1993, publicación oficial.

http://www.oas.org/dil/esp/tratados_A-41_Carta_de_la_Organizacion_de_los_Estados_Americanos.htm#ch4

26. Declaración Americana de los Derechos y Deberes del Hombre, 1948, publicación oficial.

http://www.cidh.org/Basicos/Basicos1.htm

27. Protocolo de San Salvador, 17 noviembre de 1988, publicación oficial

http://www.oas.org/juridico/spanish/Tratados/a-52.html

Resoluciones y decisiones:

1. Asamblea General ONU Resolución 421 E (V), 4 de Diciembre de 1950, publicación oficial.

http://daccess-dds-ny.un.org/doc/RESOLUTION/GEN/NR0/063/85/IMG/NR006385.pdf?OpenElement

2. Asamblea General ONU Resolución 543 (VI), 5 de Febrero de 1952, publicación oficial.

http://daccess-dds-ny.un.org/doc/RESOLUTION/GEN/NR0/071/19/IMG/NR007119.pdf?OpenElement

3. Asamblea general ONU Resolución 32/130, 16 de diciembre de 1977, publicación oficial.

http://www.un.org/spanish/documents/ga/res/32/ares32.htm

4. Asamblea General de la ONU Resolución A/RES/41/128, 4 de diciembre de 1986, publicación oficial.

http://daccess-dds-ny.un.org/doc/RESOLUTION/GEN/NR0/502/78/IMG/NR050278.pdf?OpenElement

5. Comisión de Derechos Humanos, Resolución 1994/20, 1 de marzo de 1994, publicación oficial.

http://www.unhchr.ch/Huridocda/Huridoca.nsf/TestFrame/cb17d1ffd8b4440c802567df00532aeb?Opendocume nt

6. Comisión de Derechos Humanos Resolución 2001/30, 20 de abril de 2001, publicación oficial.

http://www.unhchr.ch/Huridocda/Huridoca.nsf/TestFrame/70a53e5dadc9af14c1256a3b0036f81d?Opendocume nt

7. Comisión de Derechos Humanos, Resolución 1998/33, articulo 6 aparte VII inciso C, 17 abril de 1998, publicación oficial.

http://www.unhchr.ch/Huridocda/Huridoca.nsf/2848af408d01ec0ac1256609004e770b/243acc55e5639c4f80256 6cc0058048a?OpenDocument#33

8. Comisión de Derechos Humanos Resolución 2000/9, 17 abril de 2000, publicación oficial.

http://www.unhchr.ch/Huridocda/Huridoca.nsf/TestFrame/048aa0b518f28a33802568d4005388e0?Opendocume nt

9. Comisión de Derechos Humanos Resolución 2002/24, 22 de abril de 2002, publicación oficial.

http://www.unhchr.ch/huridocda/huridoca.nsf/(Symbol)/E.CN.4.RES.2002.24.En?Opendocument

10. Comisión de Derechos Humanos Resolución 2003/18, 22 de abril de 2003, publicación oficial.

http://www.unhchr.ch/huridocda/huridoca.nsf/(Symbol)/E.CN.4.RES.2003.18.Sp?Opendocument

11. Comisión de Derechos Humanos Resolución 2004/29, 19 de abril de 2004, publicación oficial.

http://74.125.113.132/search?q=cache:NzpU7knnWe8J:ap.ohchr.org/documents/S/CHR/resolutions/E-CN_4-RES-2004-29.doc+comision+de+derechos+humanos+resolucion+2004/29&cd=4&hl=es&ct=clnk&gl=co

12. Comisión de Derechos Humanos Resolución 2005/22, 15 abril de 2005, publicación oficial.

http://www.escrnet.org/resources_more/resources_more_show.htm?doc_id=431820

13. Consejo de Derechos Humanos Resolución 8/2. 18 de junio de 2008, publicación oficial.

http://www.apdhargentina.org.ar/relaciones_internacionales/trabajos_01/Promoci%C3%B3n%20y%20protecci%C3%B3n%20derechos%20humanos,%2016%20de%20junio%20de%202008.pdf

14. Consejo de Derechos Humanos Resolución 1/3, 22 junio de 2006, publicación oficial.

http://ap.ohchr.org/documents/E/HRC/resolutions/A-HRC-RES-1-3.doc

15. Comisión de Derechos Humanos Resolución 1994/70, articulo 1, 9 de marzo 1994, publicación oficial.

http://www.unhchr.ch/Huridocda/Huridoca.nsf/0/88f8367ee96b2685802567df0055513b?Opendocument

16. General Assembly Resolution 60/1, párrafo 23 Inc. b, 16 Septiembre 2005, publicación oficial.

http://unpan1.un.org/intradoc/groups/public/documents/UN/UNPAN021752.pdf

17. Junta Ejecutiva de la UNESCO Decisión 104 EX/3.3, 30 septiembre 2008, publicación oficial

http://portal.unesco.org/es/ev.php-URL_ID=15249&URL_DO=DO_TOPIC&URL_SECTION=201.html.

Informes

1. Informe Comité de Derechos Económicos, Sociales y Culturales 14 y 15 Periodo de sesiones E/1997/22 E/C.12/1996/6, Anexo IV, 1997, publicación oficial.

http://www.unhchr.ch/tbs/doc.nsf/898586b1dc7b4043c1256a450044f331/6823d80205d38ebc802564c3005c2645/$FILE/G9716122.pdf

2. Final report submitted by Mr. Danilo Türk, Special Rapporteur E/CN.4/Sub.2/1992/16, Párrafos 211, 213,214215, 3 julio 1992, publicación oficial.

   http://www.unhchr.ch/huridocda/huridoca.nsf/(Symbol)/E.CN.4.SUB.2.1992.16.En?Opendocument

3. Informe Comisión de Derechos Humanos anterior al 52° Periodo de Sesiones E/CN.4/1996/96, 5 de febrero de 1996, publicación oficial.

   http://www.unhchr.ch/Huridocda/Huridoca.nsf/TestFrame/1b5199ce53c6b2ee8025670600510317?Opendocume nt

4. Informe Comisión de Derechos Humanos 53° Periodo de Sesiones E/CN.4/1997/105 ANEXO, 18 de diciembre de 1996, publicación oficial.

   http://www.unhchr.ch/Huridocda/Huridoca.nsf/TestFrame/2f3c91b91fefd34e802566f80037d5ab?Opendocumen t

5. Informe Secretario General Consejo Económico y Social E/CN.4/1998/84, 16 de marzo de 1998, publicación oficial.

   http://www.unhchr.ch/Huridocda/Huridoca.nsf/TestFrame/64452520b4f79834c12566200051655d?Opendocum ent

6. Informe Alta Comisionada para los Derechos Humanos, Proyecto Protocolo Facultativo PIDESC E/CN.4/2001/62 y Add.1, 20 de marzo de 2001, publicación oficial.

   http://www.unhchr.ch/Huridocda/Huridoca.nsf/TestFrame/9808cc9782bf6279c1256a230031b04d?Opendocume nt

7. Informe Alta Comisionada para los Derechos Humanos, Proyecto Protocolo Facultativo PIDESC E/CN.4/2001/62/Add.2, 22 marzo de 2001, publicación oficial.

   http://www.unhchr.ch/Huridocda/Huridoca.nsf/(Symbol)/E.CN.4.2001.62.Add.2.En?Opendocument

8. Comisión de Derechos Humanos 58° Periodo de Sesiones, Informe del Experto Independiente E/CN.4/2002/57, 12 de febrero de 2002, publicación oficial.

http://www.unhchr.ch/huridocda/huridoca.nsf/(Symbol)/E.CN.4.2002.57.En?Opendocument

9. Comisión de Derechos Humanos 59° Periodo de Sesiones, Segundo Informe del Experto Independiente E/CN.4/2003/53, 13 enero de 2003, publicación oficial.

www.unhchr.ch/Huridocda/Huridoca.nsf/0/.../$FILE/G0312722.doc

10. Comisión de Derechos Humanos 59° Periodo de Sesiones, Segundo Informe Corregido del Experto Independiente, E/CN.4/2003/53/Corr.13, 3 de abril de 2003, publicación oficial

http://daccess-dds-ny.un.org/doc/UNDOC/GEN/G03/127/22/PDF/G0312722.pdf?OpenElement

11. Informe Primer Periodo de Sesiones Grupo Abierto de Trabajo E/CN.4/2004/44, 15 de marzo de 2004, publicación oficial.

www.unhchr.ch/Huridocda/Huridoca.nsf/0/.../$FILE/G0412032.doc

12. Informe Segundo Periodo de Sesiones Grupo Abierto de Trabajo E/CN.4/2005/52, 10 de febrero de 2005, publicación oficial.

http://daccess-dds-ny.un.org/doc/UNDOC/GEN/G05/108/39/PDF/G0510839.pdf?OpenElement

13. Informe Secretario General 61° Periodo de Sesiones E/CN.4/2005/WG.23/2, 22 noviembre de 2004, publicación oficial.

http://daccess-dds-ny.un.org/doc/UNDOC/GEN/G04/166/10/PDF/G0416610.pdf?OpenElement

14. Informe Tercer Periodo de Sesiones Grupo Abierto de Trabajo E/CN.4/2006/47, 14 marzo de 2006, publicación oficial.

http://daccess-dds-ny.un.org/doc/UNDOC/GEN/G06/118/78/PDF/G0611878.pdf?OpenElement

15. Informe Cuarto Periodo de Sesiones Grupo Abierto de Trabajo A/HRC/6/8, 30 agosto de 2007, publicación oficial.

http://daccess-dds-ny.un.org/doc/UNDOC/GEN/G07/138/92/PDF/G0713892.pdf?OpenElement

16. Informe Quinto Periodo de Sesiones Grupo Abierto de Trabajo A/HRC/8/7, 6 de mayo de 2008, publicación oficial.

http://www2.ohchr.org/english/issues/escr/docs/A-HRC-8-7.doc

17. Comité para la Eliminación de la Discriminación contra la Mujer 22 período de sesiones CEDAW/C/2000/I/5, 3 de diciembre de 1999, publicación oficial.

www.unhchr.ch/tbs/doc.nsf/.../$FILE/0021996S.doc

Libros y revistas:

1. Alberto Romero, *Globalización y Pobreza*, 53 y 60 (Editorial Universitaria Universidad de Nariño, Colombia, 2002).
2. Joseph Stiglitz, *Como Hacer que Funcione la Globalización* (Editorial Aguilar, Altea Taurus, Alfaguara S.A, Buenos Aires, 2006.
3. James H. Mittelman. *El Síndrome de la Globalización: transformación y resistencia*, (Editorial Siglo veintiuno editores, s.a. México, 2002)
4. Silvia Emanuelle. *Derechos Humanos: factor determinante en la construcción democrática de la ciudadanía, en Democracia y exclusión: caminos encontrados en la Ciudad de México*, 391-401, (Editorial Plaza y Váldes, S.A. de C.V México, 2005)

   http://books.google.com.co/books?hl=es&lr=&id=T7SYN_kHDMcC&oi=fnd&pg=PA361&dq=desc+y+globalizacion&ots=mg37xwBlrA&sig=b4eS6S_tb-Np68Dgvuw5hoEs90s#v=onepage&q=desc&f=false
5. Rafael Gentili. *El ALCA desde la perspectiva de los derechos humanos, en El ALCA y sus peligros para América Latina*, 197-221 (Editorial Clacso, Buenos Aires, 2005).

   http://bibliotecavirtual.clacso.org.ar/ar/libros/alca/Gentili.pdf
6. Amartya Sen, *Desarrollo y Libertad*, 21 (Editorial Planeta, Barcelona, 2000).

7. Norberto Bobbio. *Teoría General del Derecho* 190 (Segunda Edición. Editorial Temis S.A. Bogotá Colombia, 2002.).

8. Txetxu Ausín. *Tomando en serio los derechos de bienestar,* 40-41, *Enrahornar: quardens de filosofía*, 83-98 (2008).

ausin@ifs.csic.es. http://www.raco.cat/index.php/Enrahonar/article/viewFile/85367/110364

Documentos:

1. Comisión Mundial sobre la Dimensión Social de la Globalización. Por una globalización más justa: crear oportunidades para todos. Ginebra Oficina Internacional del Trabajo, 2004. Publicación Oficial.

http://www.ilo.org/public/spanish/wcsdg/docs/report.pdf

2. Estado de preparación de las Publicaciones, los Estudios y documentos destinados a la Conferencia Mundial A/CONF.157/PC/62/Add.5, 26 marzo de 1993, publicación oficial.

http://www.unhchr.ch/Huridocda/Huridoca.nsf/TestFrame/f4fa53ddbbf4a96d802568c60056f884?Opendocument

3. Aryeh Neier, *Universal Revolution in Human Rights, December 10 de 2008, The Korea Herald.*

http://www.lexisnexis.com/us/lnacademic/results/docview/docview.do?docLinkInd=true&risb=21_T8539350910&format=GNBFI&sort=RELEVANCE&startDocNo=1&resultsUrlKey=29_T8539350913&cisb=22_T8539350912&treeMax=true&treeWidth=0&csi=158208&docNo=5

4. Comisión de Derechos Humanos 55° Periodo de Sesiones Tema 10 del Programa Provisional E/CN.4/1999/112. 7 de enero de 1999, publicación oficial.

http://www.unhchr.ch/Huridocda/Huridoca.nsf/0/7eb40370d4e39ad78025670b005d0c80?OpenDocument

5. Comisión de Derechos Humanos 56° Periodo de Sesiones E/CN.4/2000/49, 18 enero de 2000, publicación oficial.

www.unhchr.ch/Huridocda/Huridoca.nsf/0/.../$FILE/G0010197.doc

6. Documento Analítico Elementos Necesarios para la Elaboración del Protocolo Facultativo del Pacto Internacional de los Derechos Económicos Sociales y Culturales E/CN.4/2006/WG.23/2, 21 noviembre de 2005, publicación oficial.

http://www.opicescr-coalition.org/Documento%20anal%C3%ADtico-s.pdf

7. Primer Borrador Protocolo Facultativo PIDESC A/HRC/6/WG.4/2, 23 abril de 2007, publicación oficial.

http://daccess-dds-ny.un.org/doc/UNDOC/GEN/G07/124/85/PDF/G0712485.pdf?OpenElement

8. Primera Corrección Borrador de Protocolo Facultativo PIDESC. A/HRC/8/WG.4/2, 24 de diciembre de 2007, publicación oficial.

http://www2.ohchr.org/english/issues/escr/docs/A.HRC.8.WG.4.2_sp.pdf

9. Carta del Alto Comisionado de Derechos Humanos al grupo abierto de trabajo, 31 de marzo de 2008, publicación oficial.

http://www.unhchr.ch/huricane/huricane.nsf/view01/56935B5FB6A5B376C12574250039EAE0?opendocument

10. Segunda Corrección Borrador de Protocolo Facultativo PIDESC A/HRC/8/WG.4/3, 28 de febrero de 2008, publicación oficial.

http://www2.ohchr.org/english/issues/escr/docs/A.HRC.8.WG.4.3_sp.pdf

11. Constitución de la Organización Internacional del Trabajo, 1919, publicación oficial.

http://www.ilo.org/ilolex/spanish/iloconst.htm

12. Cuestión de la violación de los Derechos Humanos y las Libertades Fundamentales en cualquier parte del mundo y en particular en los países y territorios coloniales y dependientes. E/CN.4/1994/52, 2 de febrero de 1994, publicación oficial.

http://74.125.47.132/search?q=cache:MnufCD_44JMJ:www.unhchr.ch/Huridocda/Huridoca.nsf/TestFrame/8d3e312b4b6f9ee380256738004041ac%3FOpendocument+E/CN.4/1994/52&cd=1&hl=es&ct=clnk&gl=co

13. Comisión sobre el Desarrollo Sostenible constituida en comité preparatorio de la Cumbre Mundial sobre el Desarrollo Sostenible Cuarto período de sesiones A/Conf.199/PC/L.1/Rev.1, 15 abril de 2002, publicación oficial. http://157.150.195.10/spanish/conferences/wssd/documentos/aconf199pc15.pdf

14. Comité de Derechos Económicos Sociales y Culturales, Observación General N°2, 2 febrero de 1990, publicación oficial. http://daccess-dds-ny.un.org/doc/UNDOC/GEN/G08/422/38/PDF/G0842238.pdf?OpenElement

15. Comité de Derechos Económicos Sociales y Culturales, Observación General N°3, 14 diciembre de 1990, publicación oficial. http://daccess-dds-ny.un.org/doc/UNDOC/GEN/G08/422/38/PDF/G0842238.pdf?OpenElement

16. Cuestiones Relativas a los Métodos de Trabajo del Comité de Convenciones y Recomendaciones. Documento 146 EX/7, 24 febrero de 1995, publicación oficial. http://unesdoc.unesco.org/images/0010/001010/101060SO.pdf

17. Antônio A. Cançado. *La interdependencia de todos los derechos humanos. Obstáculos y desafíos en la implementación de los derechos humanos.* http://www.unesco.org/issj/rics158/trindadespa.html

18. Antonio Cançado Trindade, Peytrignet, G., y Ruiz De Santiago, J., *As Três Vertentes da Proteção Internacional dos Direitos da Pessoa Humana* 117-121 (San José/Brasília, IIDH/CICV/ACNUR, 1996), citado en Antonio A. Cançado. *La interdependencia de todos los derechos humanos. Obstáculos y desafíos en la implementación de los derechos humanos,* cita 27

Printed by Books on Demand GmbH, Norderstedt / Germany